戦前期商工信用録解題
—詳細とその活用法—

阿 部 武 司

‖‖

目　　次

‖‖

JN035285

クロスカルチャー出版

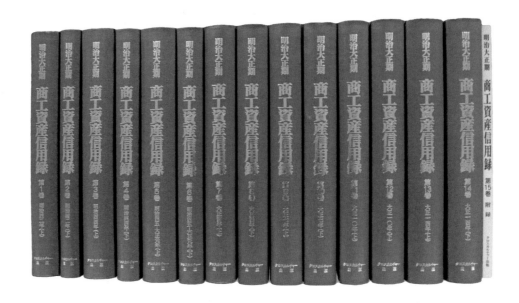

明治大正期　商工資産信用録　第Ⅰ期　全15巻
2008 年 11 月〜 2009 年 6 月　刊行

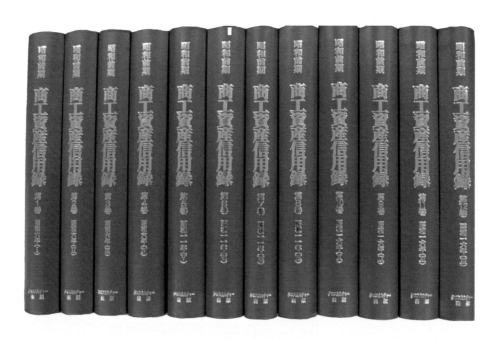

昭和前期商工資産信用録　第Ⅱ期　全12巻
2018 年 5 月〜 2019 年 11 月　刊行

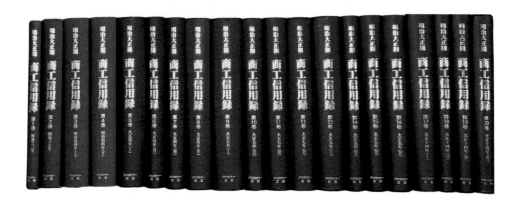

明治大正期　商工信用録　第Ⅰ期　全20巻
2011年2月〜2017年2月　刊行

昭和前期　商工信用録　第Ⅱ期　全12巻
2021年2月〜2022年11月　刊行

明治大正期　帝国信用録　第Ⅲ期　全20巻

2023 年 6 月　刊行開始

戦前期商工信用録解題 ―詳細とその活用法―

大阪大学名誉教授　　阿部　武司

はじめに

　クロスカルチャー出版は，2008（平成20）年以来，日本の大手興信所が明治期から，毎年のように刊行していた商工信用録類の復刻版を世に送り出しつつある。小稿では，これら商工信用録の学術的意義を明らかにしたい。外山脩造や渋沢栄一という，先進国経済の状況を把握でき先見性に富むビジネス・リーダーたちは，個人経営や会社組織の企業の社会的信用度を，資産額（当時の言葉では「正味身代」）や納税額という客観的基準に基づいて評価し公開する興信所が，日本経済の近代化に不可欠であると判断し，自ら率先してそれらを設立した。彼らの主導で19世紀末の日本に定着した大手興信所がその調査力を武器にして取りまとめた刊行物は，今日では経済史や経営史の研究を進めるうえで重要な資料となっている。

　以下では第1章で，19世紀末に創立された3つの代表的興信所，すなわち大阪の商業興信所，東京の東京興信所および帝国興信所の沿革を順次概観する。第2章では，それらが刊行した諸資料をいくつかの系列に整理し，とくに現在復刻中の商工信用録類がいかなる特徴を持っているのかを考察する。第3章では，興信所が残した諸資料，とくに商工信用録類が，これまでの経済史・経営史研究にどのように活用されてきたのかを検討する。

第1章　日本における興信所の発展

第1節　欧米における興信所の発展

　興信所とは，個人および会社組織の企業に関する信用調査機関を意味する。英語でいう Mercantile Agency，Commercial Agency あるいは Credit Bureau を，後述する外山脩造が和訳した語であって，産業革

命期の 1810 年にイギリスでペリー（N.P.Perry）なる人物を中心に有力商人たちが一種の組合を作り，拡大しつつあった取引先の信用状態を調査し利益の保護にあたったことが Mercantile Agency の起源とされている。その後イギリスでは 1836 年に創立されたスタッブス社（Stubbs & Co.）が個人の信用程度の報告を初めて行い，60 年創業のエステル社（Estell & Co.）が初の『商工信用録』（Commercial Credit List）を刊行した。興信所の設立は 19 世紀にフランス，イタリア，ドイツなど欧州大陸の先進諸国でも進んだが，それらはイギリスの場合と類似して情報交換を行う商業組合という性格が強かった[1]。

　他方，アメリカ合衆国では 1841 年にタッパン（L.Tappan）によるマーカンタイル社（Mercantile Agency）の創立以来，興信所は独立の営利企業として発展していった。ニューヨーク市マンハッタンのビジネスセンターにオフィスを構え，卸売業者や仲買人など 11 名の契約会員をもってスタートしたマーカンタイル社は，1843 年にはニューイングランド，中部大西洋岸，北西部の各地に約 180 名の通信会員を擁するに至った。49 年に若きベンジャミン・ダグラス（Benjamin Douglass）が経営を担うようになったころ，同社は事業を全米に拡大し，57 年ごろには企業倒産に関する統計業務も行うようになった。59 年にダグラスはマーカンタイル社の経営を義弟ロバート・ダン（Robert Graham Dun）に任せ，社名をダン社（R.G.Dun & Co.）に変更し，同年，2 万 268 企業を収録した 519 頁に及ぶレファレンスブックを刊行した。同書は，銀行，委託販売業者，輸入商，製造業者，仲買業者のそれぞれに 3 種類の格付け記号を付し，情報の客観化を図っていたが，この方式がのちにみる通り，日本の商工信用録にも継承されることになった。1864 年版レファレンスブックの収録企業数は約 12 万 3000 に上り，65 年版からは年 2 回，73 年版からは年 4 回の刊行となった。1870 ～ 90 年代にはアメリカ国内に 93 支店が設けられ，海外にも 8 か所の支店が開設された。しかし，ダンが死去した 1900 年以降，ダン社の勢いは落ちていった。

他方，1849年には，創業者の名を取ったブラッドストリート社（John M.Bradstreet Co.）が創立され，同社は52年に信用情報を要約したルーズリーフ形式のレポートを，57年には*Bradstreet's Book of Commercial Reports*を，それぞれ発行し，マーカンタイル社の強力なライバルとなったものの，同社も創業者ブラッドストリートが死去した1863年以降，業績不振に陥った。

　ダン社とブラッドストリート社は，しかしながら，その後も存続し，日本にも両社の活動がしばしば報じられたが，1933年3月には合併してR.G.ダン・ブラッドストリー社となり，39年，さらにダン・アンド・ブラッドストリート社（Dun & Bradstreet Co.）と改称し今日に至っている。

第2節　外山脩造と日本興信所

　徳川期には大坂を中心とした上方において市場経済が高度に展開するなかで，手形が広く用いられていた。明治期に入り1872（明治5）年に国立銀行条例が発布され，79年の同条例改正以後，各地に国立銀行が設立されて同年内に153行となったところで，その新設は認められなくなった。三井銀行のような，銀行紙幣を発行できない私立銀行の設立も進み，82年には176行を数えたが，同年，政府は手形取引を推進するため，日本初の近代的手形法規である為替手形・約束手形条例を公布した。

　その間大阪で1879年に日本で初めての手形交換所である大阪交換所が開設された。東京では翌1880年に開設された為替取組所が83年に手形取引所と改称したが，その付属事業として88年に東京手形交換所が設置され，91年に東京銀行集会所付属の東京交換所となった。手形交換所はその後，1897年神戸，98年京都，1900年横浜，02年名古屋と，相次いで主要都市に設置されていった。なお関東の商人は手形についての知識が概して乏しかったため，後述する渋沢栄一が主催していた銀行の団体・択善会（1880年に東京銀行集会所に代わる）などでは，大蔵

官僚による手形に関する講義が行われたという。

　政府は統一的兌換銀行制度を作るために1882年に日本銀行を中央銀行として創設した。同行は85年に兌換銀券の発行を開始し，国立銀行紙幣の発行は停止されていったのであるが，日銀は手形取引も奨励していった。同行は官営工場に対する手形割引や，生糸を抵当とする保証品付手形割引を開始し，その範囲を公債・地金銀・商品から株式にまで次第に拡大していった。

　さらに，1890年3月には商法が公布された。全3編1064条から成る，のちのいわゆる旧商法の内容には反対意見が続出したため，その施行は延期されたものの，手形・小切手法，破産法，会社法は93年に施行された。なお，99年6月に全5編689条に改訂された新商法が施行された。

　このように商取引の近代化が進むにつれ，信用取引に伴う信用調査の必要性が高まっていったのであるが，従来の日本の問屋と荷主は，取引先から注文を受けると称してわざわざ店員を地方に派遣し，取引先の資産や信用に関する内情を彼らに探らせていた。こうした調査方法では多くの日数と費用を要したばかりではなく，得られた情報の多くも不正確であった。このような状況の中で外山脩造（1842-1916）が，1892（明治25）年に大阪で日本初の興信所である商業興信所を設立した。

　外山は越後国（現・新潟県）出身で幕末の北越戦争に従軍したのち明治初年に慶應義塾などで学び，1873年から78年末まで大蔵省に勤務したのち，同省の先輩だった渋沢栄一，および明治維新後疲弊していた大阪経済の再建を担った五代友厚の推挙も与って，大阪の有力両替商・平瀬亀之輔らが78年に大阪北浜に設立した第三十二国立銀行の総監役に就任した。同職は頭取ではなかったものの，「頭取・支配人ノ事務ヲ統括シ且取締役ノ評議席ヘ参列シテ会長ノ任ヲ有ス」[3]重職であり，当初乱脈経営に陥っていた同行を外山は見事に再建し，大阪経済界で名声を高めた。

　1882年に日本銀行が創設された際，外山は第三十二国立銀行を辞職

し，松方正義大蔵卿の特命により，日銀の理事兼大阪支店長に就任した。当時，大阪の銀行は貸付と当座貸越を業務の中心とし，約束手形の割引を行っていなかったが，外山は，商業銀行はむしろ手形割引に重きを置くべし，と熱心に説き，日銀支店でも熊谷辰太郎（第一国立銀行大阪支店），松本重太郎（第百三十国立銀行），田中市兵衛（第四十二国立銀行），西田永助（第百四十八国立銀行），草間貞太郎（第十三国立銀行），富岡半兵衛（第五十八国立銀行）の有力銀行家6名を割引委員に委嘱して手形割引を実施し，それを銀行業務の中に定着させるのに成功した。[4]

　外山は，1885年に日銀本店との対立により同行を辞職したが，2年後の87年9月から1年間，商工業視察のため私費で欧米を訪問した。その際に，まずニューヨークで一井保から，次いで88年2月に米国を出発したのち2か月間滞在したイギリスのロンドンでは横浜正金銀行ロンドン支店長の山川勇木からいずれの場合も，金融界における興信所の重要性を知らされ，その設立を勧められて，外山も彼らの意見を受け入れるようになった。

　帰国後外山は，1890年における政府の貯蓄銀行条例制定を視野に入れて，第十三，第三十二，第百四十八の各国立銀行の貯蓄預金分野を糾合した小口預金専門の大阪貯蓄銀行を同年中に設立することに精力を注いだ。なお，大阪貯蓄銀行創立の中心人物であった外山は，貯蓄預金の運用を行わせるために積善同盟銀行を1894年に設立し，そこを手形割引の拠点とした。外山は，日銀在職中から一貫して，吸収した預金を基礎に手形割引を拡大する商業銀行を大阪に定着させた功労者であり，[5]その観点から興信所の設置に務めたのである。

　さて，1891年に帰国した山川は，外山に興信所の創立を改めて促した。それを受けて外山は，大阪貯蓄銀行，およびその母体となった上記3行を発起銀行とし，それら4行が拠出する3000円を基礎とする興信所の設立を企画して，7月に大阪市内の主な銀行業者30数名を集めて賛同を求めた。その際に外山は，「新事業は各商業者諸会社等の資産信用及

び営業の状況等を取調べ，資金運転者及び商業者の参考に供する秘密通信を専業とする所のものにしてその名称は先づ商業興信所と名くる考えなり。拟右通信所の事業は西欧諸国に於ては盛に行はるゝ所にして，一社にして往々数千人を使用するもの一市内に幾箇もある由，以てその事業の盛んなることも，之を利用する人の多き事も又其事業の商業社会に必要なることも推知するに足るべし。この通信所は内地の商業家は申すに及ばず，外国貿易業者の為めにも双方の便利となり，一般商業の発達を助くる効果あるべきは勿論，吾々銀行者に取りては特に緊要のものなりと信ずるなり。何となれば銀行業者は広く商業者及び諸会社の身元状況を探知し，夫れぞれ之に応じて適宜の処置を為すにあらざれば，其事業を敢行する能はず，且損失を招き易きを以てなり。仮令各銀行は之を取調べん為め三五の手代を其事に掛け置くとも，取調の行届くべき筈もなく，又頭取支配人が如何に鋭敏なりとも，繁務の余暇に之が調査をなさんことは実際なし能はざるところなるべし。従つてこの取調を専業とする通信所は極めて必要成りと信ずるなり（後略―引用者）[6]」と主張した。

　しかし当時の金融業者はこの提案には不賛成であったため，外山は日銀の川田小一郎総裁と川上左七郎理事兼大阪支店長に協力を仰ぎ，両名が快諾した結果，前記の4銀行が拠出した3000円に日銀からの出資金2000円を加えた合計5000円の資本金をもって1891年秋には興信所設立が決定した。外山は翌年2月に衆議院議員に選出されるなど多忙のなかで，その所長（1902年に総長と改称）に就任したものの，経営は会計主任（のち会計監督）の甲谷権兵衛と草間貞太郎，および新任理事の板原直吉（前大阪府参事官）に託された。1892年4月，大阪市西区土佐堀1丁目（最終的には1902年同市東区北浜3丁目に移転）に商業興信所が開業した。外山は，1912年1月に病気のため総長を辞任し，牧野元良（1894年における板原理事の没後，商業興信所理事）が専務理事に昇任して，所代表者となった。

商業興信所はアメリカ型の営利企業ではなくイギリスに近い非営利型の興信所であった[7]が，外部から会員を募り，会費を徴収し，会員からの依頼をうけて信用調査を行うことが活動の基本であった。のちの時期ではあるが1909年刊行『商工資産信用録』の冒頭に収録されている「商業興信所審問規則」の概要を紹介しよう[8]。

第一条　本所ハ金融業者並ニ一般商工業家ノ参考ニ供スル為メ法人及巳人（ママ）ノ身元信用及営業ノ状況等ヲ調査シ通信スルヲ以テ業務トス。但商工業ニ関係ナキ一己人ノ私事ニ渉ルコトハ一切通信セズ。

第二条　本所ニ対シテ審問ヲ為シ且報告ヲ受ケントスルモノハ，次ノ区別ニ従ヒ加盟申込ヲ為シ，加盟金ヲ払フ可シ。

　　　第一等加盟　　加盟金一ケ年金貳百円

　　　此ノ加盟者ニ対シテハ本所ノ認知シタル信用上ノ出来事ニシテ其関係アリト認ムルモノ，或ハ至急注意ヲ要スベキモノハ其ノ審問ヲ待タズ，可成丈ケ迅速ニ一々之レガ内報ヲ為スモノトス。

　　　第二等加盟　　加盟金一ケ年金百貳拾円

　　　此ノ加盟者ニ対シテハ総テ審問ヲ待テ通信スルモノトス。

　　　第三等加盟　　加盟金一ケ年金六拾円

　　　此ノ加盟者ニ対シテモ第二等加盟者ト同ジク総テ審問ヲ待テ通信スルモノトス。尤モ其審問件数（口頭筆記トモ）ハ一ケ年六十件ヲ限リトシ，之ヲ超過シタルトキハ毎件金壹円宛ノ不足金ヲ追徴スベシ。

　　　一時加盟　　加盟金拾円

　　　此ノ加盟者ノ審問件数（口頭筆記トモ）ハ三件ヲ限リトス。且六ケ月間ヲ審問有効期限トス。

第三条　第一等加盟金以上ノ出金ヲ為シ，本所ノ事業ヲ賛助スルモノヲ

特別加盟者トシ，此ノ加盟者ニ対シテハ第一等加盟者ト同様取扱フノ外，総テノ報告ハ其ノ関係ノ有無ニ拘ハラズ之ヲ送付シ，且調査地域外ニ渉ルモノト雖モ，本所ニ於テ調査ノ道アルモノハ其ノ請求ニ依リ特ニ之ガ調査ヲ為シ，其ノ便ニ供スルモノトス。

第四条　特別加盟，第一等加盟及第二等加盟者ニシテ多数ノ審問ヲナシ，一ケ年ヲ通算シタル審問件数ニ其加盟金ヲ割当テ，一件金七拾五銭ニ満タザル場合ニハ毎件金七拾五銭ニ相当スル丈ノ不足金ヲ徴収スベシ。

第五条　（加盟申込書の書式。略）

第六条　加盟金ハ毎六ケ月間分，前徴スルモノトス。但該期間中途ニ退盟スルモ前徴ノ加盟金ハ割戻ヲナサズ。

　要するに興信所に対して，商工業に関わる信用情報を求める者は，会員になる必要があり，加盟金額に応じて第一等，第二等，第三等，一時および特別の各加盟区分が設けられ，受けられるサービスがそれぞれ違っていた。加盟金は半年分前払いで，中途で退盟しても返金はなされなかった。こうした点は，後発の東京興信所や帝国興信所でも同様であった。

　以上のほか同規則では，審問を行えるのは本人，またはあらかじめ興信所の許可を得た人物に限り，名義貸しは認められないこと，興信所の回答や報告（『商工資産信用録』の閲覧を含む）を他人に漏らしてはいけないこと（以上，第7条），審問は，口頭を除いてすべて，あらかじめ配布された審問切符により，切符には原則として1名分の審問しか記入できないこと（第8～12条）などが定められていた。[9]

　こうした審問に対する回答が商業興信所の活動の中核をなしていたが，同興信所はそれに関連する多彩な活動を展開していった。そのうち出版事業に関しては次章で説明することとし，それ以外について簡単

に記しておこう。1892年の発足当初，興信所の知名度が低かったため，所員は官庁・会社・商店を訪問する際，趣意書や，鴻池・山口・平瀬などの名士を連ねた発起人に関する印刷物を示し，事業につき説明して先方の了解を求めた。大阪府の山田信道知事や高崎親章内務部長の支援も事業の発展を促進した。前記の板原理事は，信用調査には有価証券と不動産の所有の把握が必要であるとの認識から，大阪市に関する土地台帳（名寄帳）のすべてを写し取り，また大阪市内の各町村別の不動産評価表を作成し，銀行等からの不動産に関する問い合わせに直ちに回答できるようにした。

　後述の東京興信所開業の翌年の1897年に両興信所は調査連絡提携の契約を結び，相互に調査の受発注事業を行うほか，各種報告を無条件で交換するようになった。両所の調査区域は名古屋市を境に，西を商業興信所，東を東京興信所がそれぞれ分担するようになった。1900年，商業興信所はアメリカのブラッドストリート社と通信交換契約を結び，1902年にはイギリスのセード，ドイツのシンメルフェング，フランスのコンテンチライズリヨネーの海外各興信所とも通信交換を行うようになった。[10]

　商業興信所は営利を目的としなかったので会社組織への改組を回避してきたが，不動産管理等に支障が出てきたため1920（大正9）年には出資総額20万円（ほどなく40万円）の合名会社に改組した。1928（昭和3）年ごろ，大阪本所のほか京都，神戸，名古屋，門司の4か所に支所，金沢ほか28か所に出張所を持ち，後述の東京興信所とも連絡を取り，前記の海外興信所とも通信交換を続けていた。1932年には資本金40万円の株式会社に改組した。商業興信所は従来一個人のプライヴァシーには関わってこなかったが，36年に方針を転換し人事結婚調査を兼営するようになり，1940年末には信用調査部と並んで人事結婚調査部を創設した。41年4月には，会員企業以外の一般人の便宜を図るため商工相談部を開設した。同時に，大阪府の意向を汲んで，当時府下に乱立して

いた信用告知業者27社を合併した。商業興信所は1932年の満洲国成立後，その主要地に支所・出張所を設けてきたが43年11月には奉天市に資本金18万円の子会社・東亜興信所を設立した。[11]

第3節　渋沢栄一と東京興信所

　商業興信所が大阪で呱々の声を上げてから4年後の1896（明治29）年，東京興信所が全国第2番目の興信所として創立された。主唱者は日本経済界のリーダー渋沢栄一（1840-1931）であった。渋沢は1909年に古稀を迎えた際，4つの特別な役職，すなわち第一銀行頭取，東京貯蓄銀行会長，東京銀行集会所会長，そして東京興信所評議員会長を除いて，一切の会社・団体役員や公職を辞任した。4つの役職も喜寿に達した1916には辞したが，それにしても彼が最後まで東京興信所に深い関心を寄せていた事実は注目に値する。

　渋沢は，大阪で商業興信所が設立された翌年の1893（明治26）年にはその活動に注目しており，東京銀行集会所の会員銀行に興信所の必要性を粘り強く説いていた。まず2月の第130回定式集会で，「頃日行旅大坂滞留ニ於テ同地興信所効用ノ大略ヲ聞知シ，且第一銀行支店ニテ実際該所ヨリ送致セシ回報ヲモ亦一覧シタルニ，能ク其事実ヲ探究シテ明瞭ニ報告セリ。仮令ハ動産不動産ノ有無，及其質入書入ノ有無，沿革等ヲ始メ，品行ノ正邪ヨリ些末ノ事項ニ至ル迄綿密ニ査明セリ。而シテ該社ニ加入ノ銀行ハ，之レカ為メ営業上ノ危険ヲ免カレタルモノ尠ナカラスト云，（中略—引用者。以下同様）銀行者等ニハ尤必要ヲ感シタルヲ以テ爰ニ一言シテ諸君ノ注意ニ供シ，且当地ニモ之ヲ創設スルモノハ如何ト思惟セリ。但其利害得失等ハ次会ヲ俟テ熟慮セラレンコトヲ請フ」と述べた。

　翌3月の第131回会議では，「渋沢氏ハ前月定式会議ノ余談ニ係ル信用調査所創設ノ件ヲ以テ，尚又諸氏ノ意見ヲ問ヒ，皆其挙ヲ必要トシテ同意ヲ表シタルモ，営利ノ事業トシテ収支直ニ償フカ如キコトハ到底望

ムヘカラサレハ，先ツ三四年間ハ其経費ヲ補助スルモノト為サ、ルヘカ
ラス。特ニ其組織ニ至テハ会社法ニ拠ルカ，或ハ特ニ有志者ニ於テ組織
スル者ト為スカ，試ニ同氏ニ於テ其大躰ノ順序ヲ起草シテ再ヒ協議スヘ
キ事ヲ約シ」た。

　6月の第133回会議でも渋沢は，興信所が「銀行者ニ取リ緊要ノ機関
タルヘキヲ以テ，再ヒ之ヲ諸君ニ諮ル。蓋シ此事タル始メヨリ収利ノ望
アラサレハ，暫ク其経費ヲ有志ニ於テ負担スルニアラサレハ創設スル能
ハス，加之ナラス適当ノ担任者ヲ得ルハ最モ至難ノ事ナルヘシ。然ラハ
到底之カ創設ハ望ム能ハサルヤト云フニ，現ニ大坂ノ如キハ創設後未タ
幾クナラサルニ既ニ世人ニ必要視セラレ，其依頼件数ノ如キモ漸次増加
スルノ傾向ナレハ，到底将来之カ創設ヲ望マサルヘカラサルヲ以テ，再
ヒ之ヲ協議スル所以ナリ」として，今後も興信所に関わる調査を続ける
ことを提案し，出席者の同意を得ていた。[12]

　1894年10月に渋沢は元大審院判事・富永冬樹とともに大阪に赴き，
外山脩造が設立した商業興信所を訪問した。渋沢は所内を縦覧後直ちに
引き上げたものの，東京に興信所を設立する意志は固く，それを受けた
富永は数日滞在して商業興信所を詳細に視察し，東京興信所規約を起草
した。折からの日清戦争もあって東京興信所の創立は遅れたが，1896
年2月に東京と横浜の本支店銀行中の19行（のち26行）から成る発起
会員が日本橋区坂本町の東京銀行集会所に集まり，同所内に創立事務所
が置かれることになった。発起人総会が開かれた3月には，「各郡区役
所ニ備付ケアル戸籍簿国税及地方税簿等謄写又ハ閲覧ノ儀，当所ヨリ願
出テタル時ハ可成便宜ヲ与ヘラレ候様，各郡区役所ヘ訓令相成度旨ノ願
書」，および「所得税ノ件ニ付各収税所ヘ訓令相成度旨ノ願書」[13]が東京
府知事に提出された。なお営業所は7月には日本橋区南茅場町に移転し
た。

　渋沢が興信所を重要と考えたのは，外山の場合と同様，興信所を活用
して銀行業の発展に伴う手形取引のリスクを下げられると判断したた

11

めとみられる。1906年6月における銀行倶楽部晩餐会での演説の中で，渋沢は以下のように述べている。「今日の集会所組合銀行の数は六十一行でございまして，此六十一行が今申上げるやうに常に一致して，共に歩調を揃へて行くと云ふやうに相成つて居ります。而して此六十一行中の三十三行が特に又申合せまして，手形交換と云ふことを致して居ります，此手形交換と云ふことは，最も銀行営業上便利なものでございまして，お互に小切手・為替手形・約束手形総てのものを仲間中の銀行であればズンズン正金として請取ります，さうして其請取つたものを其日毎に取調べをして置て，翌日手形交換の時刻にそれを交換所に持つて参りまして，例へば甲の銀行は乙，丙，丁の銀行に向つて渡すべきものは皆添票といふものを附けて渡す，向ふの銀行も同じ手続をしまして僅か十時半から十一時の間に三十三行の銀行同志が正金は持つて行かずに皆交換所で振替へてしまひます。決算は日本銀行に向つてする。日本銀行の当座借になる，又貸になるので其差引勘定が着いてしまふ。其決算上便利を大に増すのみならず，大に各商人間に制裁を加へますことは此交換所の打合せからして，余り手形を濫発して仕払方を停滞する者でもございますと，是に対する検束がございます。即ち其人の手形は向後取らぬと云ふことになります。俗に之を首斬と申しますが，首斬といふ言葉は余り野蛮の言葉で，斯様な御席では申すも憚り多うございますけれども，其為めに各商人は此交換所の制裁を受けて首斬処分を受けたと云へば，それこそ司法上の死刑の宣告より余程強く感じまする（笑）。吾々の威権もナカナカ強大なものであると自負しても宜い位でございます。さう云ふことからして業務を便利にするのみならず，お互の信用を厚くすると云ふことも亦達し得られるやうに考へまする。更に銀行中の申合から一の施設がございます。それは興信所と云ふものでございます。身元調を致す方法，商人の身代商売の仕方を内々で探索するといふと殆ど悪徳らしうございます。けれども，蓋し是等の事は此席に御列しの諸君は皆夫を御本業になさるのであるから，之を悪いと云へば怪しからんこ

とを言ふと思召すかも知れませぬが，吾々銀行者も之を必要としなけれ
ばならぬので，此事も亦大に制裁を加へることになると思ふのでござい
ます。此興信所の創立は十年ばかり以前でありましたが，幸に大に成功
して今日では其事業が先づ自立し得るだけの進みを持つて参りました。
是等各種の方法に依つて，此銀行の創立以来もう殆ど三十年に達して居
ります[14]」。

　渋沢の晩年1928年にしたためられた以下の文章も，渋沢の上の発言
を裏付けている。「東京興信所も（渋沢—引用者）先生が其産みの親に
外ならないのであります。殊に明治二十年代に於ける我経済界の状態
は，まだ甚だ幼稚でありまして，当時の実業家は何れも現金取引の旧習
を墨守し，手形取引の効用の如き，之を知るものが甚だ少なかつたので
あります。此時代に於て先生は頻りに是等の事を配慮せられて，一般商
人に向て商取引の進歩改善を勧説せられました。商業手形の普及せら
るゝ様になつたのも其一であります。而して手形交換所の機能が追々発
揮さるゝに従ひ，取引先の信用調査機関設置の必要を見るに至つたので
あります。そこで先生は手形交換所の組合銀行へ興信所設立のことを諮
られました。夫は明治二十五・六年頃のことでありましよう。然るに当
時先生の説に賛同する人々もありましたが，銀行業者の多くは時期尚早
を唱へ，又一面には興信所の事業を担当する適当の人物を得る事が出来
なかつた等の関係もあつて，容易に設立の運びに到らなかつたが，明治
二十七・八年戦役の後，諸般の事業が遽かに勃興して商工業界が愈々多
事なるに至りました。そこで先生は興信機関設置の是非必要なることを
唱へられて，先づ当時の川田日銀総裁を説得せられたので，東京手形交
換所組合銀行の重だつた人々も，漸次先生の説に賛同することになつ
た[15]」。

　東京興信所も商業興信所と同様に法人ではなく，発起した諸銀行が設
立した団体として出発し，事業第1期を5年間と定め，発起会員が毎年
300円を醵出し，それに日本銀行からの年々の助成金を加えたものを資

本金とすること，発起会員総会を毎年1回2月に開催し事業経過と決算予算を報告すること，評議員5行を選び，興信所の運営を託すことが決められた。商業興信所の場合と同じく，日銀総裁川田小一郎は東京興信所の創立を支援し，日銀が年間3000円の助成金を支給することとなった。同興信所は日銀を客員とし，代々副総裁が評議員会に出席し，1926年の株式会社への改組後にも重役会に参加していた。評議員には第一銀行，第百銀行，三井銀行，三菱合資銀行部，横浜正金銀行の5行が選ばれ，各行の代表者には上記の銀行順に渋沢栄一，池田謙三，波多野承五郎，豊川良平，山川勇木といった頭取または支配人が就任し，評議員会長は渋沢が勤めることになった。そして東京興信所所長には森下岩楠（1852-1917）[16]が就任した。[17]

　東京興信所も商業興信所と同じく，下記の「報答規則」が定める会員制を採用し，外部からの商工業に関わる調査依頼に応じることを基本業務としていた。

　　「東京興信所報答規則（乙号）

第一条　本所ハ銀行其他商工業者ニ営業上ノ便利ヲ与フルノ目的ヲ以テ，会社社団及個人ノ資産信用及営業上ノ状況ヲ調査報答スルヲ以テ業務トス。

第二条　前条調査ノ地区ハ差向東京市及横浜市トシ漸次他ノ地方ニ及ホスモノトス。

第三条　規定ノ金額ヲ払込ミ本所ニ対シテ問合ヲナシ其報告ヲ受クル者ヲ会員トス。

第四条　会員ハ区別シテ特別会員及通常会員トシ特別会員ハ五ケ年間毎年金参百円以上ヲ出金スルモノトシ通常会員ハ毎年金参拾円以上金弐百円以下ヲ出金スルモノトス。

第五条　特別会員ハ随意ニ問合ヲ為スコトヲ得ルノミナラズ本所ノ業務上調査シタル事件ハ速ニ之ヲ報告シ，規定ノ地区外ニ渉ルモノト雖ト

モ，調査ノ道アル者ハ其嘱託ニ応シテ之カ審査ヲ遂ケ其便ニ供スルモノトス。

第六条　通常会員ハ別チテ左ノ四種トナス。

　　一種会員　加盟金額　一ケ年　金弐百円。

　右会員ハ随意ニ問合ヲ為スコトヲ得ルノミナラズ本所ノ業務上調査シタル事件ニシテ会員ニ関係アリト認ムル者ハ速ニ報告スヘシ。

　　二種会員　加盟金額　一ケ年　金壱百円。

　右会員ハ随意ニ問合ヲ為シ其報答ヲ受ルモノトス。

　　三種会員　加盟金額　一ケ年　金五拾円。

　右会員ハ一ケ年六十回以下ノ問合ヲナシ其報答ヲ受ルモノトス。

　　四種会員　加盟金額　一ケ年　金参拾円。

　右会員ハ一ケ年参拾回以下ノ問合ヲナシ其報答ヲ受ルモノトス。

第七条　加盟金ハ毎半期分前金トシ半期ノ中途ニ加盟スル者ハ月割ヲ以テ計算シ，又月ノ半ニ加盟スル者ハ其日数ニ拘ハラス一ケ月分ヲ徴集スルモノトス。

第八条　会員若シ半期ノ中途ニ於テ加盟ヲ断ルコトアルモ既ニ受取リタル加盟金ハ一切之ヲ返却セサルモノトス。

第九条　本所ニ加盟セント欲スル者ハ左ノ書式ニ倣ヒ加盟申込書及誓約書ヲ差出スヘシ。（以下省略）

第十条　凡ソ本所ニ対スル問合ハ本所ヨリ予メ配附シタル問合切符ヲ以テスヘシ。但シ特別及通常一種・二種会員ハ口頭ヲ以テスルモ妨ケナシ。

第十一条　問合ハ問合切符一枚ニ付一会社一社団又ハ一人ニ限ルモノトス。

第十二条　会員ハ代理問合人ヲ設クルコトヲ得，但シ其人員ハ二名ヲ限リ其姓名地名及職業ハ明記シテ本所ニ届ケ置クヘシ。

第十三条　会員若クハ代理問合人ハ予メ印鑑ヲ本所ニ差出シ置キ問合ノ節ハ必ス之ヲ押捺スヘシ。

第十四条　此規則ヲ変更スルトキハ前以テ会員ニ通知スヘシ[18]」。

　東京興信所でも当初は一般人の興信所への理解が容易に得られず，調査員はしばしば探偵と同一視され嫌忌されたため，「当時の外交は皆髯を落し角帯の着流しで一見商家の番頭風に化けて仕事に廻つたと云う[19]」。

　東京興信所の出版事業は次章で見ることとし，ここでは，それ以外の事業の歩みを簡単にみておこう。1901年，所長の補佐役として理事が置かれ，また，アメリカのブラッドストリート興信所との間に通信交換契約が結ばれた。1903年，営業所を日本橋区坂本町および三代町に移転した。東京興信所は，関東大震災による打撃から立ち直りつつあった1926年末に資本金25万円半額払込の株式会社に改組した。その際，森下の逝去後，所長の座を継いだ前理事の佐藤正美が引き続き所長職を担った。アジア太平洋戦争下の1943年末から日本銀行の指導により東京興信所と商業興信所の合併が進められ，44年3月31日に両社は事業全てを新設の株式会社東亜興信所に譲渡し，解散に踏み切った[20]。

第4節　後藤武夫と帝国興信所

　以上でみた商業興信所と東京興信所は，日本における興信所のパイオニアであったが，ともに非営利組織として出発し，会社化したのちも公共機関的性格が強かった。他方，営利目的の企業として設立された興信所も20世紀が始まる前後には多数存在するようになった。その多くが実績をあげることなく短命に終わった中，成功した企業として後藤武夫（1870-1933）が創立した帝国興信所が挙げられる。

　後藤は筑後国三潴郡（現・福岡県久留米市）出身の士族で，苦学して大阪の関西法律学校（現・関西大学）を卒業後，新聞記者等を経て東京市日本橋区に1899年に新設されたばかりの帝国商業興信社に入社した。ところが同社の経営が乱脈をきわめていたため，後藤は同社を批判して

退職し，1900年3月に京橋区南鍛冶町1番地（現・中央区八重洲2丁目）に帝国興信社を開業した。大銀行や日本銀行の出資または助成を受けていた商業・東京両興信所とは異なり，後藤はどこからも援助を受けずに「実業道徳の興隆，信用取引の発達を図る」興信事業を独力で開始するにあたり，「大正直大勉強主義」「至誠努力主義」の経営方針を掲げ，以後もそれらを守っていった。

　帝国商業興信社から引き継いだ雑誌『商海時報』に掲載された「帝国興信社業務要覧」によれば，事業を法人および個人の信用調査と規定し，商業・東京両興信所と同様に会員制度を採り，会員は特別会員と通常会員の2種に分けられた。特別会員に対しては随意に口頭での問い合わせに応じ，調査した事件は速やかに報告して，その他調査の依頼に応ずることとし，年会費は300円以上であった。通常会員は4種に区分され，第1種会員は年会費200円で，随意に口頭での問い合わせができ，調査した事件の報告を受けられた。第2種会員は年会費100円で，随意に口頭での問い合わせが，第3種会員は年会費50円で，年間60回の問い合わせが，第4種会員は年会費25円で，年間30回の問い合わせが，それぞれできた。非会員の調査依頼にも，個別調査1件につき3円，法人調査1件につき5円で応じるとされた。以上の報答規則[21]は，すでにみた商業・東京両興信所の前例の大部分を踏襲したものであり，前納式会員制度は今日の信用調査会社でも広く採用されている。

　ただし以下の3点で帝国興信社は，商業・東京両興信所とは異なっていた。第1に，東京興信所の案内書には会員以外の調査依頼には応じない旨が明記されており[22]，商業興信所の場合そうした記述は見当たらないものの，非会員の料金規定がなかったため，調査依頼は会員に限定されるという建前であったようである。ただし，商業興信所には一時加盟の制度があり，加盟料金10円で6ケ月内に2件の調査依頼ができたので，実際には非会員からの依頼にも応じていたのであろう。

　第2に，帝国興信社の料金水準は東京興信所とほぼ同一水準であった

が，第4種会員のみ東京興信所30円に対し帝国興信社25円と低く設定
されており，東京興信所への依頼が困難な顧客の取込みが意図されてい
たと考えられる。

　第3に，商業興信所と東京興信所の活動地域は各々西日本と東日本に
特化されていたのに対し，帝国興信社は活動地域を限定しなかった。

　後藤は，創業後しばらくは前記の『商海時報』に経済界の名士を，自
身の事業の支持者として掲載したり，日々徒歩で勧誘活動を続けたりし
た結果，次第に会員は増えたものの，第4種会員が大部分を占め，商業・
東京両興信所との事業実績の格差は，表1の日露戦争（1904-05）以前
の数値が示す通り明白であった。

表1　三大興信所の業績の推移

年	商業興信所			東京興信所			帝国興信所		
	会員数		調査回答	会員数		調査回答	会員数		調査回答
	内国会員	外国会員	件数	内国会員	外国会員	件数	内国会員	外国会員	件数
1900	493	16	37,430	349	28	17,681	86	0	386
1901	594	23	37,238	410	44	14,207	136	0	498
1902	665	29	41,571	623	57	18,537	75	0	293
1903	846	35	40,151	876	70	20,643	62	0	285
1904	894	47	38,104	966	73	21,805	96	0	382
1905	1,031	62	39,553	1,063	79	25,305	123	0	429
1906	1,230	78	47,558	1,300	106	30,341	486	9	1,446
1907	1,429	82	n.a.	1,478	114	32,389	1,799	18	7,151
1908	1,621	63	57,958	n.a.	n.a.	44,412	3,324	34	16,085
1909	n.a.	n.a.	n.a.	n.a.	n.a.	66,449	4,485	46	24,501

（注）n.a. は不明。
（出所）（株）帝国データバンク創業百周年記念プロジェクト百年史編纂室編（2000）『情報
の世紀―帝国データバンク創業百年史』株式会社帝国データバンク, 45頁, 75頁.

　こうした苦境を打開するために，『商海時報』の出版に力を注いでい
たなか，後藤は1900年12月および02年2月にいずれも無実の罪で収
監され，帝国興信社の信用は地に落ちたが，彼は1902年に社名を帝国
興信所と改め，同年1月に『商海時報』を『帝国経済雑誌』と改称して
学者・官僚・企業家など多彩な執筆者の寄稿を仰ぐなどの努力を重ねた
結果，経営もある程度安定するようになった。[23] 1906年3月に帝国興信

所は資本金4万円（4分の1払込）の株式会社に改組した。

　日露戦争が終わったころから，都市化に伴って身元調査を引き受ける興信所と称する機関が台頭し，全国諸方面から厳しい批判を受けつつも，それらが乱立するという事態が生じた。そうしたなか人事調査も開始した帝国興信所[24]は，先発の商業・東京両興信所に迫る勢いで発展していった（表1）。その間に帝国興信所は様々な刊行物を世に送り出すようになったが，この点については次章で言及する。1923（大正12）年9月の関東大震災は東京を本拠地とする東京興信所と帝国興信所に大打撃を与えたものの，帝国興信所は，従来から営業に力を注いでいた大阪本部[25]（大阪市西区江戸堀南通1丁目）に一時本所機能を移して，早期に復旧できた。第一次世界大戦後に帝国興信所はパイオニアの2つの興信所と肩を並べるようになり，1932（昭和7）年2月には商工省臨時産業合理局販売管理委員会に業界代表として招集されるまでになっていた。同委員会に出席した前田昌徳帝国興信所取締理事は，「帝国興信所が資本金50万円全額払込の株式会社として，社長後藤武夫外取締役15名，監査役2名，就業員外交内勤全国1千名，支所58カ所を有し，日本全国に調査網を張って居りますが，又上海に支所を有し，其他支那各地との調査連絡及び米国のダン興信所と提携して，欧米各国全世界に連絡を取って居ります。近年不況の影響で減少しましたが，昨年中の調査件数は，20万3800余件でありました。これが日本第一の興信所と思ひます」[26]と述べていた。

　以上のほか帝国興信所は，1913年信託部設置による信託業への参入と22年整理部設置による同事業からの撤退，27年結婚紹介部設置による結婚紹介業への参入，28年における不動産鑑定業の開始，1942年，前記の東亜興信所関西本部と並んで，大阪府下興信所を統合していくための大阪合同興信所の設立など，旺盛に事業を展開していった。同興信所は1981年3月に帝国データバンクと社名変更したが，現在でも後藤家の同族企業である。[27]

第2章　興信所刊行資料について―商工信用録を中心に―

第1節　興信所刊行資料の体系

　以上でみた三大興信所は顧客から日々依頼されるビジネス関連の信用調査事業と並んで，信用情報を印刷して会員に配布する出版業務にも力を入れていた。主な刊行物は，（1）日々作成される所報のほか，年単位で原則として定期的に刊行される（2）個人資産家を対象とした商工信用録や（3）会社企業に関する銀行会社要録であったが，（4）そのほかに周年記念などとして出版される書籍もあった。これらが現在，ビジネスの歴史を知る上で欠かせない貴重な資料となっている。以下ではそれらの資料について順次説明していこう。[28]

（1）所報

　ここでいう所報とは，興信所が，個人や個別企業まで含む商工業に関する情報を会員に伝える一種の新聞である。まず東京興信所が，1896年3月に『内報』を発刊した。その後，同興信所は，1909年6月に新聞紙法による日刊『東京興信所報』を発刊して，『内報甲号』を継承し，旧『内報乙号』も，その「臨時追報」として刊行することにした。『東京興信所報』は41年9月15日に廃刊となった。次に商業興信所は，『商業興信所日報』を1898年11月に発刊し，1941年9月20日まで刊行した。最後に帝国興信所は，東京興信所のように，早くから内報形式の印刷物を発行していたようだが，1906年7月には『帝国興信所内報』を日曜日と祝日を除く毎日発行するようになった。同紙は1925年7月に『帝国興信日報』と改題されたが，41年9月3日に新聞用紙の配給制限により休刊となり，戦後の48年7月1日に『帝国興信所報』と改称の上復刊された。[29]

（2）商工信用録

　ここでいう商工信用録は，主に商工業者個人の資産や信用を調査した

一種の人名録であるが、「会社員」「無職」などの人物もしばしば含まれる。また、日本内地に限らず植民地等における外国人に関する情報も早くから収録されていた。商業興信所は、アメリカのブラッドストリート興信所が1850年代後半に発刊したBradstreetʼsBook of Commercial Reportsをモデルとして、創業約2年後の1894（明治27）年3月に主に西日本を調査対象とした『商工資産信用録』を日本で初めて出版し、以後毎年1度、増補改訂を加えて1943（昭和18）年まで発行し続けた。なお1938年11月以降、会社企業の資産や信用を『商工資産信用録』と同様の表記法で示した『会社信用録』も年1回刊行するようになった。

東京興信所は1899（明治32）年12月に主に東日本を調査対象とした『商工信用録』の初版を刊行し、以後年に2度、増補改訂を加えて1942（昭和17）年まで出版を続けた。帝国興信所も1908（明治41）年以来全国を対象とする『帝国信用録』を1943年の休刊まで毎年1回刊行していた。

以上の商工信用録は機密情報とされていたため、いずれの興信所も会員にそれを貸与する建前を採り、所有権は各興信所が有していた。

（3）銀行会社要録

ここでいう銀行会社要録は、銀行も含む会社企業の業種、創立年、資本金、社長・会長以下役員、時にはその他職員の役職と氏名、さらには貸借対照表・損益計算書のエッセンスまでしばしば掲げ、増補改訂を加えて年単位で、おおむね定期的に刊行されていた一種の事典である。商業興信所は1893年に、会社役員に関する情報収集に力点を置いた『日本全国諸会社役員録』（1937年刊行第45回より『日本全国銀行会社録』）を発刊し、以後1944年まで毎年1回刊行を重ねていった。東京興信所は1897年9月に『銀行会社要録・附役員録』を発刊し、1941年まで毎年刊行し続けた。帝国興信所も1912年に『帝国銀行会社要録』を発刊し、1943年の第31版まで刊行していた。対象地域は『日本全国諸会社役員録』と『帝国銀行会社要録』が発刊時から全国であったのに対して、『銀

行会社要録』は，当初，東京府と神奈川県のみを対象にしていたものの，徐々に対象地域を拡大し，1916（大正5）年以降全国に対象を拡張して「日本内地ハ勿論朝鮮台湾樺太ノ新領土及関東州上海ニ存在スル銀行会社ヲ網羅スルニ至」[30]った。

（4）その他

　以上のほか，三大興信所は戦前に周年事業，あるいはその他の特別企画として，後世に残る貴重な文献をしばしば公刊してきた。そのうちで筆者が重要と考えているいくつかの出版物を紹介しておこう。まず商業興信所は創立30周年にあたる1922年に，阿部直躬副所長が執筆した『三十年之回顧』を刊行した。クロスカルチャー出版刊行の『明治大正期　商工資産信用録』第15巻・附録として復刻された同書の概要は，本稿の末尾で付論として紹介する。商業興信所は1942年に『株式会社商業興信所五十年誌』も出版している。

　次に帝国興信所は，戦間期（昭和初期）に3回，全国の資産家の住所・職業・資産額を収録した名簿を，いずれも大日本雄弁会講談社（現・講談社）が刊行していた雑誌『講談倶楽部』新年号の附録として公表した。出版年順に示せば，①「全国金満家大番附」（1929年），②「全国金満家大番附」（1931年），③「五十万円以上全国金満家大番附」（1934年）であり，調査時点はいずれも刊行年の前年末である。これらのうち②と③は渋谷編（1985）第I巻に収録されていたが，閲覧困難であった①は，石井寛治氏によって近年，同氏の著書（石井，2018）の巻末附録として復刻された。[31]

　帝国興信所はさらに，地方支社の充実を背景に各地方の企業の概況を伝える，書名に「名鑑」「大鑑」の文言を付した出版物を，昭和初期に盛んに刊行していた。主なものを列挙しておこう。秋田支所編（1927）『秋田県名鑑』（支所開設10周年記念），京都支所編（1928）『京都商工大鑑』（昭和天皇即位大典記念），富山支所編（1928）『富山県名鑑』（支所開設15周年記念），宮崎支所編（1932）『日向商工大鑑』，尾道支所編（1933）『尾

道大鑑』。大阪本部日報部編（1926）『関西業界人物大鑑』も同様の系列
に含められよう。

第2節　商工信用録の書式

　表2に示した通り，クロスカルチャー出版は，まず2008（平成20）
年および09年に，明治末（1909, 11, 12の各年）から大正期（1912-26年）
にかけて商業興信所が刊行した『商工資産信用録』7点と，上記の阿部
（1922）『三十年之回顧』を，計15巻に取りまとめて復刻出版した。次いで，
2011年から17年までに，明治後期（1899, 1904, 11の各年）から大正
期にかけて東京興信所が刊行した『商工信用録』7点を，計20巻にま
とめて世に出した。

表2　クロスカルチャー出版による『商工資産信用録』『商工信用録』の復刻状況

（1）商業興信所編『商工資産信用録』

シリーズ名	巻	表題	復刻版刊行年月	底本	底本刊行年月	対象府県	符号表	備考
第1期（明治大正期）第1回配本	第1巻	M42[1909]（上）	2008.11	第10回 商工資産信用録	1909.12	大阪, 京都, 兵庫, 愛知, 福岡		正味身代と信用程度の符号は，それぞれひらがな，変体仮名
	第2巻	M42[1909]（下）	2008.11			三重, 滋賀, 岐阜, 福井, 石川, 岡山, 広島, 山口, 熊本, 長崎, 和歌山, 奈良, 富山, 鳥取, 島根, 徳島, 香川, 愛媛, 高知, 大分, 佐賀, 宮崎, 鹿児島, 沖縄, 台湾, 韓国, 満洲		
	第3巻	M44[1911]（上）	2008.11	第12回 商工資産信用録	1911.12	大阪, 京都, 兵庫, 愛知, 福岡		正味身代と信用程度の符号は，それぞれひらがな，変体仮名
	第4巻	M44[1911]（下）	2008.11			三重, 滋賀, 岐阜, 福井, 石川, 和歌山, 岡山, 広島, 山口, 熊本, 長崎, 鹿児島, 奈良, 富山, 鳥取, 島根, 徳島, 香川, 愛媛, 高知, 大分, 佐賀, 宮崎, 沖縄, 台湾, 朝鮮, 満洲		
	第5巻	M45・T1[1912]（上）	2008.11	第13回 商工資産信用録	1912.12	大阪, 京都, 兵庫, 愛知, 福岡		正味身代と信用程度の符号は，それぞれひらがな，変体仮名
	第6巻	M45・T1[1912]（下）	2008.11			三重, 滋賀, 岐阜, 福井, 石川, 和歌山, 岡山, 広島, 山口, 熊本, 長崎, 鹿児島, 富山, 奈良, 鳥取, 島根, 徳島, 香川, 愛媛, 高知, 大分, 佐賀, 宮崎, 沖縄, 台湾, 朝鮮, 満洲		

第Ⅰ期 第2回配本	第7巻	T4[1915](上)	2009.6	第16回 商工資産信用録	1915.12	大阪, 京都, 兵庫, 愛知, 福岡		正味身代と信用程度の符号は, それぞれひらがな, 変体仮名
	第8巻	T4[1915](下)	2009.6			奈良, 三重, 滋賀, 岐阜, 福井, 石川, 鳥取, 島根, 岡山, 広島, 山口, 和歌山, 徳島, 香川, 愛媛, 高知, 大分, 佐賀, 熊本, 宮崎, 鹿児島, 長崎, 沖縄, 台湾, 朝鮮, 支那, 外国人		
	第9巻	T7[1918](上)	2009.6	第19回 商工資産信用録		大阪, 京都, 兵庫, 愛知, 福岡		正味身代と信用程度の符号は, アルファベット等
	第10巻	T7[1918](下)	2009.6			奈良, 三重, 滋賀, 岐阜, 福井, 石川, 富山, 鳥取, 島根, 岡山, 広島, 山口, 和歌山, 徳島, 香川, 愛媛, 高知, 大分, 佐賀, 熊本, 宮崎, 鹿児島, 長崎, 沖縄, 台湾, 朝鮮, 満洲, 外国人	○	
	第11巻	T10[1921](上)	2009.6	第21回 商工資産信用録	1921.12	大阪, 京都, 兵庫, 愛知, 福岡		正味身代と信用程度の符号は, アルファベット等
	第12巻	T10[1921](下)	2009.6			奈良, 三重, 滋賀, 岐阜, 福井, 石川, 富山, 鳥取, 島根, 岡山, 広島, 山口, 和歌山, 徳島, 香川, 愛媛, 高知, 大分, 佐賀, 熊本, 宮崎, 鹿児島, 長崎, 沖縄, 台湾, 朝鮮, 満洲, 外国人		
	第13巻	T14[1925](上)	2009.6	第26回 商工資産信用録	1925.10	大阪, 京都, 兵庫, 愛知, 福岡		正味身代と信用程度の符号は, アルファベット等
	第14巻	T14[1925](下)	2009.6					
	第15巻	付録	2009.6	阿部直躬著 (1922)『三十年之回顧』商業興信所				
第Ⅱ期(昭和前期) 第1回配本	第1巻	S6[1931](Ⅰ)	2018.5	第32回 商工資産信用録		大阪	○	正味身代と信用程度の符号は, アルファベット等
	第2巻	S6[1931](Ⅱ)	2018.5		1931.11	京都, 兵庫, 愛知, 福岡		
	第3巻	S6[1931](Ⅲ)	2018.5			奈良, 三重, 静岡, 滋賀, 岐阜, 福井, 石川, 富山, 鳥取, 島根, 岡山, 広島, 山口, 和歌山		
	第4巻	S6[1931](Ⅳ)	2018.5			徳島, 香川, 愛媛, 高知, 大分, 佐賀, 長崎, 熊本, 鹿児島, 宮崎, 沖縄, 台湾, 朝鮮, 満洲, 外国人		
第Ⅱ期 第2回配本	第5巻	S11[1936](Ⅴ)	2019.2	第37回 商工資産信用録	1936.10	大阪, 京都	○	正味身代と信用程度の符号は, アルファベット等
	第6巻	S11[1936](Ⅵ)	2019.2			兵庫, 和歌山, 奈良, 三重, 滋賀, 愛知, 岐阜		
	第7巻	S11[1936](Ⅶ)	2019.2			福井, 石川, 富山, 鳥取, 島根, 岡山, 広島, 山口, 徳島, 香川, 愛媛, 高知		
	第8巻	S11[1936](Ⅷ)	2019.2			福岡, 大分, 佐賀, 長崎, 熊本, 鹿児島, 宮崎, 沖縄, 台湾, 朝鮮, 満洲・関東州, 外国人		

シリーズ	巻	表題	復刻版刊行年月	底本	底本刊行年月	対象地	符号表	
第Ⅱ期 第3回配本	第9巻	S16[1941](Ⅸ)	2019.11	第42回 商工資産信用録	1941.11	大阪, 京都	○	正味身代と信用程度のアルファベット表記が精緻化されているほか、「年扱高又ハ年収」が同じくアルファベットで示され、また、「参考」として所得税の年度と金額も掲げられている。
	第10巻	S16[1941](Ⅹ)	2019.11			兵庫, 和歌山, 奈良, 三重, 滋賀, 愛知, 岐阜		
	第11巻	S16[1941](Ⅺ)	2019.11			福井, 石川, 富山, 岡山, 広島, 山口, 鳥取, 島根, 徳島, 香川, 愛媛, 高知		
	第12巻	S16[1941](Ⅻ)	2019.11			福岡, 大分, 佐賀, 長崎, 熊本, 鹿児島, 宮崎, 沖縄, 台湾, 朝鮮, 満洲・関東州, 外国人		

(2) 東京興信所編『商工信用録』

シリーズ	巻	表題	復刻版刊行年月	底本	底本刊行年月	対象地	符号表	
第Ⅰ期（明治大正期）第1回配本	第1巻	M32[1899]	2011.2	第1版 商工信用録	1899.12	東京市, 横浜市等		
	第2巻	M37[1904]	2011.2	第10版 商工信用録	1904.7	東京府, 神奈川県, 北海道, 東日本を中心とした諸府県		
	第3巻	M44[1911](上)	2011.2	第25版 商工信用録	1911.12	東京府, 神奈川県, 静岡県	○	
	第4巻	M44[1911](下)	2011.2			愛知, 千葉, 茨城, 埼玉, 群馬, 栃木, 山梨, 長野, 新潟, 富山, 石川, 福島, 宮城, 青森, 北海道, その他諸府県, 外国人		
第Ⅰ期 第2回配本	第5巻	T4[1915](Ⅰ)	2014.6	第32版 商工信用録	1915.5	東京府	（○ M44年版）	
	第6巻	T4[1915](Ⅱ)	2014.6			神奈川, 静岡, 愛知, 三重の各県		
	第7巻	T4[1915](Ⅲ)	2014.6			千葉, 茨城, 埼玉, 栃木, 群馬, 山梨, 長野, 新潟の各県		
	第8巻	T4[1915](Ⅳ)	2014.6			富山, 石川, 福井, 福島, 宮城, 岩手, 山形, 秋田, 青森, 北海道, その他諸府県, 外国人		
第Ⅰ期 第3回配本	第9巻	T7[1918](Ⅰ)	2015.4	第38版 商工信用録	1918.5	東京府	○	
	第10巻	T7[1918](Ⅱ)	2015.4			神奈川, 静岡, 愛知, 三重の各県		
	第11巻	T7[1918](Ⅲ)	2015.4			千葉, 茨城, 埼玉, 栃木, 群馬, 山梨, 長野, 新潟の各県		
	第12巻	T7[1918](Ⅳ)	2015.4			富山, 石川, 福井, 福島, 宮城, 岩手, 山形, 秋田, 青森, 北海道, その他諸府県, 外国人		
第Ⅰ期 第4回配本	第13巻	T9[1920](Ⅰ)	2016.4	第42版 商工信用録	1920.5	東京府	○	
	第14巻	T9[1920](Ⅱ)	2016.4			神奈川, 静岡, 愛知, 三重の各県		

	第15巻	T9[1920](Ⅲ)	2016. 4			千葉, 茨城, 埼玉, 栃木, 群馬, 山梨, 長野, 新潟の各県		
	第16巻	T9[1920](Ⅳ)	2016. 4			富山, 石川, 福井, 福島, 宮城, 岩手, 山形, 秋田, 青森, 北海道, その他諸府県, 外国人		
第Ⅰ期 第5回配本	第17巻	T14[1925](Ⅰ)	2017. 2	第50版 商工信用録	1925.5	東京府	○	
	第18巻	T14[1925](Ⅱ)	2017. 2			神奈川, 静岡, 愛知, 三重の各県		
	第19巻	T14[1925](Ⅲ)	2017. 2			千葉, 茨城, 埼玉, 栃木, 群馬, 山梨, 長野, 新潟の各県		
	第20巻	T14[1925](Ⅳ)	2017. 2			富山, 石川, 福井, 福島, 宮城, 岩手, 山形, 秋田, 青森, 北海道, 上海, その他諸府県, 外国人		
第Ⅱ期（昭和前期） 第1回配本	第1巻	S5[1930](Ⅰ)	2021. 2	第61版 商工信用録	1930.11	東京府	○（第60版）	
	第2巻	S5[1930](Ⅱ)	2021. 2			神奈川, 静岡, 愛知, 三重の各県		
	第3巻	S5[1930](Ⅲ)	2021. 2			千葉, 茨城, 埼玉, 栃木, 群馬, 山梨, 長野, 新潟の各県		
	第4巻	S5[1930](Ⅳ)	2021. 2			富山, 石川, 福井, 福島, 宮城, 岩手, 山形, 秋田, 青森, 北海道, 樺太, 上海, その他諸府県, 外国人		
第Ⅱ期 第2回配本	第5巻	S10[1935](Ⅰ)	2022. 1	第71版 商工信用録	1935.11	東京府	○	
	第6巻	S10[1935](Ⅱ)	2022. 1			神奈川, 静岡, 愛知, 三重の各県		
	第7巻	S10[1935](Ⅲ)	2022. 1			千葉, 茨城, 埼玉, 栃木, 群馬, 山梨, 長野, 新潟の各県		
	第8巻	S10[1935](Ⅳ)	2022. 1			富山, 石川, 福井, 福島, 宮城, 山形, 岩手, 秋田, 青森, 北海道, 樺太, 外国人		
第Ⅱ期 第3回配本	第9巻	S15[1940](Ⅰ)	2022.11	第80版 商工信用録	1940.6	東京府	○	
	第10巻	S15[1940](Ⅱ)	2022.11			神奈川, 静岡, 愛知, 三重の各県		
	第11巻	S15[1940](Ⅲ)	2022.11			千葉, 茨城, 埼玉, 栃木, 群馬, 山梨, 長野, 新潟の各県		
	第12巻	S15[1940](Ⅳ)	2022.11			富山, 石川, 福井, 福島, 宮城, 岩手, 山形, 秋田, 青森, 北海道, 樺太, 外国人		

（注）表題等のM，T，Sは順に明治，大正，昭和の略号。その後の［ ］内は西暦年。復刻盤と底本の刊行年月の，例えば2008.11は2008年11月の略。符号表欄の○は，それが収録されていることを意味する。各巻のデータの調査は，いうまでもなく刊行以前の時期に行われていたが，それらの実施年月は対象企業ごとに資料中に明記されている。

　　クロスカルチャー出版はさらに，2018（平成30）年と19（令和元）年に昭和前期（1931，36，41の各年）に刊行された『商工資産信用録』全3点を計12巻に，2021年と22年には同じく昭和前期（1930，35，

40 の各年）に刊行された『商工信用録』全 3 点を計 12 巻に，それぞれ取りまとめて復刻刊行した。

帝国興信所が戦前に刊行した『帝国信用録』も今後クロスカルチャー出版から，同様に刊行される予定である。

以下では，各社の商工信用録の書式について説明する。

（1）『商工資産信用録』

商業興信所編『商工資産信用録』では，筆者が確認できた限りで少なくとも明治末期から 1917（大正 6）年刊行第 18 回までは，図 1 に掲げた 1909（明治 42）年刊行第 10 回にある大阪府のサンプルページが示すように，府県別に個人の姓名（イロハ順），簡略化された住所（例えば，「西，江戸堀下五」は「大阪市西区江戸堀下 5 丁目」），職業，調査年月（例えば「42, 5」は明治 42 年 5 月），正味身代（ひらがな），信用程度（ひらがなの変体仮名）が記載されている。重要なのは最後の 2 項目であるが，それらについては図 2 のような符号表が各巻に添付されている。

図 1　1909（明治 42）年刊行・第 10 回『商工資産信用録』大阪府の例

1

姓名	住所	職業	調査年月	正味身代	信用程度	姓名	住所	職業	調査年月	正味身代	信用程度
伊庭六平	堺、櫻之町西二	竹卸小賣	42, 5	か	む	伊藤頁藏	東、北久太郎三	直輸入仲次	42, 7	た	む
伊庭頁造	堺、龍神一	材木卸小賣	42, 7	わ	む	伊藤音吉	東、淡路一	砂糖卸	42, 8	か	む
伊庭與吉	東、伏見四	羅紗ブローカー	42, 7	た	む	伊藤兼吉	南、南綿屋	理髪機械製造	41,10	よ	む
伊庭民吉	堺、中之町西四	竹卸小賣	42, 7	よ	む	伊藤龜太郎	南、安堂寺橋三	鑛山	41,12	不詳	ふ
伊原繁藏	西、江戸堀下五	時計小賣	42, 6	つ	ほ	伊藤龜五郎	堺、甲斐東一	和洋雑貨卸小賣	42, 6	れ	ふ
伊橋次郎吉	西、靱北二	コークス	41, 4	ろ	ふ	伊藤米次郎	東、備後四	帽子卸	42, 3	る	む
伊藤市之助	南、順慶一	呉服	41, 3	ね	ほ	伊藤太三郎	東、鍵井二	石鹸化粧品	41, 5	つ	ふ
伊藤市藏	北、上福島中四	石鹸製造	41,10	つ	ふ	伊藤泰助	西、新町三	賣藥藥種卸小賣	41, 8	不詳	む
伊藤市松	北、壺屋一	青物卸	41, 8	ろ	ふ	伊藤辰次郎	泉北、向井、中筋	履物卸小賣	42, 7	た	む
伊藤イチ	西、立賣堀南三	繪具	41, 8	つ	ふ	伊藤タネ	東、道修三	藥種卸	41, 7	た	む
伊藤磯次郎	南、大寶寺西ノ町	古着卸	41, 8	を	む	伊藤宗七	南、綬谷西ノ町	呉服太物小賣	42, 6	つ	ふ
伊藤幾之助	東、南久太郎三	板硝子鏡板卸	42, 7	つ	ふ	伊藤恒次郎	南、難波新川三	白米小賣	42, 5	つ	ふ
伊藤春次郎	北、野崎	小倉服地綿子ル	41, 6	よ	む	伊藤梅吉	南、高津四番	塗師漆器小賣	41, 9	つ	ふ
伊藤仁藏	東、北久太郎一	石鹸化粧品卸小賣	42, 9	ね	ふ	伊藤九兵衛	東、南久太郎二	貸金	41, 2	い	ゐ
伊藤平三郎	東、淡路一	手拭小賣	41, 3	れ	ふ	伊藤熊吉	北、東野田	諸漢風船製造	42, 8	れ	ふ
伊藤虎次郎	東、南久寶寺二	帽子卸	42, 9	わ	む	伊藤安兵衛	西、南堀江三番	古船具卸小賣	41, 9	た	む
伊藤寅吉	南、木津川一	材木才取	42, 8	つ	ふ	伊藤松次郎	南、本町四	莫大小卸	42, 2	か	む
伊藤寅藏	西、新町北一	酒小賣	41,1[illegible]	た	む	伊藤萬次郎	東、京橋三	醋酸製造	41, 2	た	む
伊藤留吉	東、北久寶寺四	履物卸	42, 5	か	む	伊藤萬助	東、本町四	洋反物卸	42,10	い	ゐ
伊藤長兵衛	南、高津二番	賣藥貸金	42, 3	り	む	伊藤桂太郎	西、北堀江下一	瓦斯器具製造	42, 1	つ	ふ
伊藤忠兵衛	東、本町三	呉服太物洋織物卸	42, 8	い	ゐ	伊藤原次郎	北、新喜多	醋酸製造	42, 7	た	む
伊藤忠三郎	西、新町三	洋反物呉服雑貨	42, 7	る	む	伊藤武助	東、唐物三	小間物卸	42, 8	ぬ	む
伊藤利兵衛	北、菅原	荒物卸	41, 4	か	む	伊藤英一郎	東、北久太郎二	袴地兵兒帯製織	42, 4	か	む
伊藤利三郎	南、日本橋二	太物呉服小賣	41, 4	ろ	ふ	伊藤貞七	東、北久寶寺二	化粧品卸	42, 7	不詳	む
伊藤利作	東、谷町四	洋服雑貨	42, 6	不詳	む	伊藤佐助	南、久左衛門	造酢	42, 8	り	む

大阪府 い之部 伊

（出所）クロスカルチャー出版刊『明治大正期　商工資産信用録』第 1 巻

図2　1917（大正6）年刊行・商工資産信用録符号表

(1) 正味身代符号

符号	正味身代	
い	1,000,000 円以上	円未満
ろ	750,000	1,000,000
は	500,000	750,000
に	400,000	500,000
ほ	300,000	400,000
へ	250,000	300,000
と	200,000	250,000
ち	150,000	200,000
り	100,000	150,000
ぬ	75,000	100,000
る	50,000	75,000
を	35,000	50,000
わ	20,000	35,000
か	10,000	20,000
よ	5,000	10,000
た	3,000	5,000
れ	2,000	3,000
そ	1,000	2,000
つ	1,000 円未満	
す	不詳	

(2) 信用程度

符号	信用程度
い	最厚
ろ	厚
は	普通
に	薄

（注）信用程度の符号は変体仮名

（注）●印ハ家族名義ノモノヲ併算ス
　　　×印ハ公称資本額ナリ
（出所）商業興信所編（1917）『商工資産信用録』第18回

　1918年以降出版された第19回以降，1929（昭和4）年刊行第30回までは府県別の姓名（イロハ順。外国人は原則としてアルファベット順），住所，職業，調査年月，正味身代，信用程度という調査項目は変わらないが，正味身代と信用程度がアルファベットおよび△記号により示されるようになり，それらの意味するところは図3の通りである。1930年刊行第31回は未見だが，1931年刊行第32回以降37年刊行第38回まではそれ以前と調査項目は変わらないものの，正味身代の旧来の最高位Gが図4が示すように五段階に細分化されるようになった。
　戦時期の1938（昭和13）年以降には，府県別の姓名，「店舗又ハ住所」，職業，調査年月，正味身代までは，姓名がイロハ順から五十音順に変わったこと以外，変化はないが，その後に「年扱高又ハ年収」，従来とは記

28

号が異なる信用程度，そして「参考」として前年度の所得税額が判明する限りで記されるようになった。この書式変更に伴い，符号表も図5のように改訂された。

図3　1928（昭和3）年刊行・商工資産信用録符号表

符号	正味身代		信用程度		
			甲	乙	丙
G	1,000,000 円以上		Aa	A	B
H	750,000	1,000,000 円未満			
J	500,000	750,000			
K	400,000	500,000			
L	300,000	400,000	A	B	C
M	250,000	300,000			
N	200,000	250,000			
O	150,000	200,000			
P	100,000	150,000	B	C	D
Q	75,000	100,000			
R	50,000	75,000			
S	35,000	50,000			
T	20,000	35,000	C	D	E
U	10,000	20,000			
V	5,000	10,000			
W	3,000	5,000			
X	2,000	3,000	D	E	F
Y	1,000	2,000			
Z	1,000 円未満		E	F	
△	未詳				

（注）◎印ハ家族名義ノモノヲ併算ス
　　　☿印ハ会社組織ナルモ個人営業ニ均シキモノナリ
　　　▲印ハ手形不渡ニテ組合銀行トノ取引停止中ノモノナリ
　　　×印ハ公称資本額ナリ
（出所）商業興信所編（1928）『商工資産信用録』第29回

図 4　1935（昭和 10）年刊行・商工資産信用録符号表

符号	正　味　身　代		信用程度		
			甲	乙	丙
Ga	10,000,000 円以上	円未満			
Gb	5,000,000	10,000,000			
Gc	3,000,000	5,000,000	Aa	A	B
Gd	2,000,000	3,000,000			
G	1,000,000	2,000,000			
H	750,000	1,000,000			
J	500,000	750,000			
K	400,000	500,000			
L	300,000	400,000	A	B	C
M	250,000	300,000			
N	200,000	250,000			
O	150,000	200,000			
P	100,000	150,000	B	C	D
Q	75,000	100,000			
R	50,000	75,000			
S	35,000	50,000			
T	20,000	35,000	C	D	E
U	10,000	20,000			
V	5,000	10,000			
W	3,000	5,000			
X	2,000	3,000	D	E	F
Y	1,000	2,000			
Z	1,000 円未満		E	F	
△	不詳				

（注）◎印ハ家族名義ノモノヲ併算ス

　　　Ｘ印ハ会社組織ナルモ個人営業ニ均シキモノナリ

　　　▲印ハ手形不渡ニテ組合銀行トノ取引停止中ノモノナリ

　　　×印ハ公称資本額ナリ

　　　正味身代符号ノ右肩ニ△印を附シタルモノハ身代ハ不詳ナガラモ大体ノ見込ヲ附ケタルモノナリ

　　　（株），（資），（名）ハ株式，合資，合名等会社ノ組織ヲ表示セルモノナリ

（出所）商業興信所編（1935）『商工資産信用録』第 36 回

図5　1941（昭和16）年刊行・商工資産信用録符号表

符号		金　　　額	
正味資産	年扱高（又ハ年収）		
Ga	*Ga*	10,000,000 円以上	円未満
Gb	*Gb*	5,000,000	10,000,000
Gc	*Gc*	3,000,000	5,000,000
Gd	*Gd*	2,000,000	3,000,000
G	*G*	1,000,000	2,000,000
H	*H*	750,000	1,000,000
J	*J*	500,000	750,000
K	*K*	400,000	500,000
L	*L*	300,000	400,000
M	*M*	250,000	300,000
N	*N*	200,000	250,000
O	*O*	150,000	200,000
P	*P*	100,000	150,000
Q	*Q*	75,000	100,000
R	*R*	50,000	75,000
S	*S*	35,000	50,000
T	*T*	20,000	35,000
U	*U*	10,000	20,000
V	*V*	5,000	10,000
W	*W*	3,000	5,000
X	*X*	2,000	3,000
Y	*Y*	1,000	2,000
Z	*Z*	1,000 円未満	
F	—	負債超過	
△	△	不　　詳	
信用程度ノ順位		C_A　　C_B　　C_C　　C_D　　C_E	

（注）◎印ハ家族名義ノモノヲ併算ス

　　　▲印ハ手形不渡ニテ組合銀行トノ取引停止中ノモノナリ

　　　×印ハ公称資本額（外国会社）ナリ

　　　正味資産及年扱高（又ハ年収）等ノ符号ノ右肩ニ△印ヲ附シタルモノハ不詳ナガラモ大体ノ見込ヲ附ケタルモノナリ

　　　年扱高ノ右肩ニ「収」ヲ附シタルモノハ年収ノ意ナリ

　　　（株），（資），（名），（有）ハ株式，合資，合名，有限等会社ノ組織ヲ表示セルモノナリ

（出所）商業興信所編（1941）『商工資産信用録』第42回

（2）『商工信用録』

　東京興信所編『商工信用録』では，1899（明治32）年刊行第1版から，筆者が確認できた限りで1940（昭和15）年刊行第81版までは，図6に掲げた1911（明治44）年刊行第25版にある東京府のサンプルページが示すように，府県別に個人の姓名（イロハ順。外国人は原則としてアルファベット順。ただし，遅くとも1941年11月刊行第83版では五十音順），職業，簡略化された「店舗又ハ住所所在地」（例えば，「日，蛎殻，一ノ二」は「東京府東京市日本橋区蛎殻町1丁目2番地」），開業年月（例えば「10年前」），正味身代（アルファベット），「商内高或ハ収入」（アルファベット）[32]，「取引先ノ信用ノ程度」（アルファベット），「参考」として前年度

図6　1911（明治44）年刊行・第25版
『商工信用録』東京府の例

（出所）クロスカルチャー出版刊『明治大正期　商工資産信用録』第3巻

図7　商工信用録索引

種別		正味ノ身代	商内高或ハ収入
3,000,000 円以上		A	A
2,500,000	3,000,000 円迄	B	B
2,000,000	2,500,000	C	C
1,500,000	2,000,000	D	D
1,000,000	1,500,000	E	E
750,000	1,000,000	F	F
500,000	750,000	G	G
400,000	500,000	H	H
300,000	400,000	I	I
250,000	300,000	J	J
200,000	250,000	K	K
150,000	200,000	L	L
100,000	150,000	M	M
75,000	100,000	N	N
50,000	75,000	O	O
35,000	50,000	P	P
20,000	35,000	Q	Q
10,000	20,000	R	R
5,000	10,000	S	S
3,000	5,000	T	T
2,000	3,000	U	U
1,000	2,000	V	V
0	1,000	W	W
未詳		X	X
無		Y	
負債		Z	

信用ノ程度	種別	最多	多	普通	少	無	取引停止
	記号	Aa	Ba	Ca	Da	Ea	Fa

（出所）東京興信所編『商工信用録』

ないし前々年度の所得税額，「取調年月」（例えば「44. 5」は明治44年5月）が，若干の文言の変更を除いてほぼ変わらず記載されている。「正味身代」以下の3項目に関する符号表は図7の通りである。『商工信用録』は，書式をたびたび変更した『商工資産信用録』とは異なって，それが戦時になってようやく到達した詳しい書式を発足時にすでに確立し，戦時期までそれを一貫して維持していたのである。

（3）『帝国信用録』

　帝国興信所編『帝国信用録』のうち筆者が閲覧できたのは1909（明治42）年刊行第2版，および1917（大正6）年刊行第10版以降のいくつかの巻に限られるが，図8にみられるように，1909年刊行第2版では府県別に姓名（イロハ順。外国人名もカタカナ表記で日本人名の中に混入。1939年刊行第32版より五十音順），職業，「店舗又ハ住所」（『商工資産信用録』および『商工信用録』と同様の略記），開業年（「先代」のような書き方も混入），「信用」（対物と対人に区分），「年商内高又ハ収入」，および「盛衰」が調査項目であり，信用以下の諸項目には符号が付されている。その意味するところは図9の通りである。この符号表は，1926年刊行第19版所収のものだが，クロスカルチャー版第1巻に添えられている1912年刊行第5版のそれでは，上段の「ら」が1000円以上3000円迄とされ，図9にはない「む」1000円迄，「す」僅少，「う」無が加わっていた。同じ第5版の対人信用程度と盛衰の符号は図9のそれと全く同じであった。1917年刊行第10版の符号表でも，上段の「ら」は1000円以上3000円迄とあり，図9にはない「す」1000円迄が設けられていた。また，対人信用程度と盛衰の最高（アとカ），最低（オとコ）には「最厚」というように「最」の文字が付けられていた。しかし，1934年刊行第27版では図9と，注の文言の一部修正（意味は変わらず）を除き同一の内容であった。『帝国信用録』も『商工信用録』と同じく，同一の書式をほぼ一貫して維持していたと判断される。

図8 1909（明治42）年刊行・第2版
『帝国信用録』東京府の例 （1）

姓名	職業	屋號	店舗又ハ住所	開業年限	信用 對物	信用 對人	年商内高ズ/年収入	盛衰	取調年月
井原喜藤太	工商（下）	松葉館	日,濱,三ノ一	先代三代前	ら	ら		ク	41,12
井原喜助	大工		紳,柳,三		ウ	す		ク	41,9
井部信兵衛	洋毛織物		日,通油,一六	1	た	ウ	よ	ク	41,5
井岡英策	畳	十洲商店	日,箱崎,一ノ一	21	ろ	ウ	わ	ク	42,1
井川石五郎	馬具	大阪屋	紳,田代,三	19	つ	ウ	ろ	ク	〃
井川栄吉	木橋,金市		日,田所,七		よ	ウ	ん	ク	〃
井谷虎太郎	印刷		25		ウ	ウ	な	ク	〃
井田忠次郎	材木		深,南傳馬,八	39	つ	ウ	た	ク	〃
井田五郎	コ	井田商店	京,南傳馬,三ノ一四	33	ら	ウ	つ	ク	〃
井田栄造	米穀,回漕		日,新材木,一六（住）日,小網,三ノ二六（店）	25	よ	ウ	ぬ	ク	〃
井田定吉	材木	井筒屋	深,南傳馬,八	18	わ	イ	を	ク	41,5
井田甲子郎	民貴會社員			36 41	ウ	イ	つ	ク	〃
井村政勝	石鹸	整興社	所,柳島横森,七二	26	れ	イ	から	キ	42,2
井内ふく	印刷	覺進堂	芝,愛宕下,四ノ東一	34	れ	ウ	から	ク	〃
井上伊兵衛	鞋履	松	日,小伝,二ノ一	嘉永	れ	ク	ク	42,1
井上市兵衛	岸物	富屋	日,富澤,六	履歴	れ	かん	ク	〃
井上春司	材木,醤油	井上商店	深,西大工,四ノ八	36	エ	ウ	ね	コ	41,6
井上ハナ	乾海苔	相模屋	日,通,四ノ三	7	ウ	オ	れ	カ	42,1
井上豊藏	毛織物		深,東元,七	41	す	ウ	つ	コ	41,9
井上寅吉	手試染	中寅商店	紳,東福田,一五	総額前	の	エ	つ	ウ	42,1
井上藤太郎	株式仲買	井上商店	日,堀留,一ノ四	39	の	ウ	な	ケ	42,2
井上徳三郎	ブリキ屋根		堀,湯島天神,三ノ一	25	す	エ	な	ケ	41,9
井上治兵衛	會社員		芝,高輪南,五二		つ	ウ	ウ	ク	42,1
井上長吉	草履		日,新堀東馬河岸,一二	26	つ	ウ	タ	キ	〃
井上隆治	會社役員		淺,向柳原,二ノ六	26	ク	ウ	エ	ケ	42,2

○ 四十一年四月廢業セリ ● 氏ノ井田忠次郎氏ノ甥ナリ
△ 長男國松氏ニ營業ヲ讓渡セリ ▲ 破綻整理中

（出所）クロスカルチャー出版刊『明治大正期　帝国信用録』第1巻

図9　帝国信用録索引

符号	対物信用（正味身代）又ハ年商内高, 年収入額	
い	10,000,000 円以上	
ろ	5,000,000	10,000,000 円迄
は	3,000,000	5,000,000
に	2,000,000	3,000,000
ほ	1,500,000	2,000,000
へ	1,000,000	1,500,000
と	700,000	1,000,000
ち	500,000	700,000
り	400,000	500,000
ぬ	300,000	400,000
る	250,000	300,000
を	200,000	250,000
わ	150,000	200,000
か	100,000	150,000
よ	70,000	100,000
た	50,000	70,000
れ	30,000	50,000
そ	20,000	30,000
つ	10,000	20,000
ね	5,000	10,000
な	3,000	5,000
ら	3,000 以下	
の	負債	
ん	未詳	

符号	対人信用程度	符号	盛衰
ア	厚	カ	盛
イ	稍厚	キ	稍盛
ウ	普通	ク	常態
エ	稍薄	ケ	稍衰
オ	薄		衰

（注）○印ハ家族ノ資産ヲ加算セルモノナリ
　　　□印ハ不渡手形（取引停止中）ヲ示ス
　　　対物信用欄符号ノ上ニアルモノハ未詳ナルモ判明額ノミヲ記ス
　　　姓名上ノ（名）（資）（株）ハ会社組織,（匿）ハ匿名組合組織
　　　ヲ意味シ其内実個人ノ営業ニ等シキモノナリ
（出所）帝国興信所編（1926）『帝国信用録』第19版

　　　以上の検討から明らかなように，三大興信所による商工信用録を解読する際の要は資産および信用に関する評価を示した略号であり，それらを取りまとめた符号表の有無が決定的に重要である。商工信用録は，各社が苦労して収集した機密情報の集積であったため，その取扱いに興信所側は慎重であり，それらは会員に原則として貸与されるにとどまり，さらに印刷部数も限られていた。こうした事情により，戦前に出版された商工信用録は，現在，公共図書館でも意外にそろっておらず，さらに，符号表が多くの場合，信用録本体に，別刷りとして添えられていたため，それらまで残されていることはあまり多くない。しかしながら，筆者による本節での調査結果を援用すれば，符号表が見当たらない場合でも商工信用録の活用はさほど難しいことではあるまい。

第3章　商工信用録を用いた研究

第1節　近代日本経済史・経営史研究における資産家データの活用

　第二次世界大戦後における近代日本経済史研究の一大関心事は農村工業史であった。その際，地主などの個人が所有していた一次資料の伝統的な分析に加えて，中央政府や道府県が公刊した統計類の活用が，山口和雄，古島敏雄等の諸氏によって大いに進められたが[33]，1960年代後半に経営史研究が盛んになったことも影響して，1970年前後には山口和雄氏を中心とした産業金融史研究[34]，あるいは山崎広明氏の産地綿織物業史研究[35]などで，ある程度の大量観察を意図した，個人資産家に関するデータの活用が始まり，問屋などに関する情報を取りまとめた人名録や年鑑類が駆使されるようになった。そのために，『日本全国商工人名録』[36]，交詢社編『日本紳士録』，人事興信所編『人事興信録』，商工会議所がまとめた各地商工人名録，あるいは織物業のような特定産業に関わる商工人名録など多種多様な文献資料の発掘がなされたが，その中にはすでにみた東京興信所編『商工信用録』など興信所が編纂した資料も含まれていた。1980年代以降には，折から柏書房によって復刻が進んでいた農商務省編『工場通覧』，商業興信所編『日本全国諸会社役員録』，東京興信所編『銀行会社要録』[37]なども活用されるようになった。また地主制史研究への関心を背景として，すでにふれた『日本全国商工人名録』を柱として，全国各地で経済活動を活発に行っていた地方資産家に関わる膨大な資料の発掘と復刻が，渋谷隆一氏によって精力的に推進され（渋谷編，1984，1985，1988-99），その後の研究の基盤整備が成し遂げられたことが特筆される。

第2節　商工信用録の活用例

　1980年代半ば以降に出版された戦前期日本における地方の資産家や企業家について比較的包括的に考察していると思われる研究成果11点を列挙し，それらの基礎資料を表3に書き出してみた[38]。同表では上記

の渋谷隆一氏編集の膨大な資料集の引用の有無は割愛されているものの，同資料集が表3に挙げた研究の基礎となっていることはいうまでもない。それにしても，これまでに紹介してきた興信所が編集・刊行した資料が，諸研究でもすでに広く活用されていることは明らかだろう。とくに，会社企業に関する『日本全国諸会社役員録』と『銀行会社要録』は約半数の研究が利用している。帝国興信所編『帝国銀行会社要録』も併せて，これら3種類の資料からは，株式会社に限らず，合資会社や合

表3　地方資産家に関する主な研究成果とそれらの基礎資料

番号	著書または論文	興信所刊行物						その他		
		日本全国諸会社役員録	銀行会社要録	帝国銀行会社要録	帝国信用録	商工資産信用録	商工信用録	日本全国商工人名録	日本紳士録	人事興信録
1	森川英正（1985）『地方財閥』日本経済新聞社	○	○						○	○
2	渋谷隆一・加藤隆・岡田和喜編（1989）『地方財閥の展開と銀行』日本評論社		○							
3	上川芳美（1994）「明治31年における京都府の企業家集団」『京都学園大学経営学部論集』第3巻第3号に始まる1898（明治31）年・同40（1907）年に関する，上川氏による京都府・滋賀県・大阪府・兵庫県・奈良県・和歌山県・三重県に関する企業家集団の研究	○								
4	宮本又郎・阿部武司（1995）「明治の資産家と会社制度」宮本又郎・阿部武司編『日本経営史2 工業化と経営革新』第6章，岩波書店							○		
5	小川功（2002）『企業破綻と金融破綻─負の連鎖とリスク増幅のメカニズム』九州大学出版会	○		○	○			○	○	
6	松本貴典（2004）「近代日本の商人分布─『日本全国商工人名録』による検討」松本貴典編『生産と流通の近代像─100年前の日本』第11章，日本評論社							○		
7	谷沢弘毅（2004）『近代日本の所得分布と家族経済』日本図書センター	○	○						○	
8	鈴木恒夫・小早川洋一・和田一夫（2009）『企業家ネットワークの形成と展開─データベースからみた近代日本の地域経済』名古屋大学出版会	○						○		
9	山崎広明・阿部武司（2012）『織物からアパレルへ─備後織物業と佐々木商店』大阪大学出版会				○	○		○		
10	山崎広明（2015）『豊田家紡織事業の経営史』文眞堂		○				○		○	
11	中西聡（2019）『資産家資本主義の生成─近代日本の資本市場と金融』慶應義塾大学出版会	○	○	○						
	使用件数	6	5	2	2	1	1	5	4	1

（注）○を付けた資料を当該研究が使用。本文でふれた渋谷編資料集は表示の大部分の研究が活用している。

名会社の名称，事業目的または業種，本社所在地，支店・出張所，役員，貸借対照表・損益計算書のエッセンス，少なくとも資本金，さらには前年度所得税などの情報が容易に得られる。これらの資料の使用頻度が多いのも当然であろう。

　他方で本稿が注目している個人資産家に関する商工信用録はしばしば使われてはいるものの，使用頻度はけっして高くなく，さらに言えば，個々の資産家のプロフィールを作るためなどのアドホックな利用にとどまるケースがほとんどであったように思われる。

　その中で山崎広明氏の商工信用録の活用法は秀逸である。氏は，表3の文献9において同氏が執筆した205-13頁で『日本全国商工人名録』，帝国興信所編『帝国信用録』，商業興信所編『商工資産信用録』，および渋谷編の資料集を用いて，戦間期の広島県備後織物産地における代表的な産地問屋兼織物工場主であった佐々木要右衛門家が営む佐々木商店の業容を分析したが，とくにその212頁では1912年から1934年までの間に活躍した佐々木家の2人の所有経営者（要右衛門と，彼の甥の一郎）の正味身代の推移を，おもに『商工資産信用録』を駆使して解明した。従来，商工信用録を使用した研究は，ある一時点における資産家のデータを集めて事足れり，としてきたのであるが，山崎氏は時系列を追って複数のデータを丹念に集め，さらにそれらを金額に換算して，企業家の成長過程を客観的に明らかにしたのである。氏はまた，表3の文献10において，中京地方の地方財閥・豊田家の経営者たちの複数の時点における個人所得税データを，交詢社編『日本紳士録』のほか東京興信所編『商工信用録』から入手することにも成功している。山崎氏の商工信用録の活用法の特長は，1時点ではなく複数の時点のデータを集め，時系列分析を行ったこと，そして正味身代や信用度を数値化したこと，言い換えれば符号表を活用したことであろう。

おわりに─商工信用録の活用に向けて

山崎氏のこうした業績に啓発されて筆者も，以下で商業興信所編『商工資産信用録』を用いて，かねてから関心を持っていた戦間期日本綿業史に関わるささやかな試みの結果を示し，結びとしたい。

戦間期の日本では，1880年代半ば（明治20年代）における工業化の開始以来，基幹産業であった綿業が最盛期を迎えた。綿業は大企業部門の紡績会社，中小企業部門の産地織物業，それら二部門を，流通を通じて結び付けていた大小様々な商社や問屋など，多様な主体から構成されており，戦間期の発展は，そうした様々な主体が緊密に連携して，内外の需要に対応し，とりわけ綿布輸出の伸長を実現した結果生じた、と筆者はみている。[39] 以上の諸主体のうち，綿紡績会社に関しては比較的多数の資料の利用が可能であるが，産地機業家および商社・問屋についての情報はなかなか得られない。

ここで取り上げるのは，まず産地機業家のうち，大阪府の泉南と泉北という2つの巨大な白木綿産地に存在した6企業の所有経営者，そして縞綿布産地の兵庫県播州の4企業の所有経営者である。次いで商社・問屋では，最大手であった，いわゆる関西五綿のうち，伊藤忠商事と丸紅の経営を主導していた伊藤忠兵衛，[40] 次いで，関西五綿に続く有力商社であった船場八社の所有経営者，阿部市太郎（又一。以下（　）内は商社名），田附政次郎（田附商店），竹村清次郎（竹村商店），岩田惣三郎（岩田商事），豊島久七（豊島商店），竹中源助（竹中商店），八木與三郎（八木商店），不破栄次郎（不破商店，のち丸永商店）である。

以上の企業家たちについてはさらに説明が必要である。まず，泉南・泉北の2産地は第一次世界大戦期までは内地向けの小幅白木綿生産で著名であり，以下で検討する機業家中の岸村は，当時から有名な産地問屋（農家賃機（ちんばた）に機械製紡績糸を貸与し，それを用いて織らせた綿布を集荷する地方問屋）であった。帯谷幸助，川崎徳太郎，中林孫次郎も，岸村には及ばないながらも産地問屋として出発し，日露戦後期に農家賃機と

の取引をやめて，近隣に台頭した力織機工場に綿糸を貸与し，それらが織った綿布を集めるようになり，自ら設立した力職機工場の経営も開始した。第一次世界大戦後には彼らのうち，内地向け織物生産に固執し，あるいはそこから脱却できなかった川崎の業績が振るわなくなったのと対照的に，帯谷吉次郎（幸助の後継者）と中林孫次郎は，後発の泉北の久保惣太郎や森田菊三郎と同じく，輸出向け綿布の自工場での量産に主力を転じ，1930年代には広幅力織機を備えた大工場を増やして目覚ましい成長を遂げた。他方，播州は，1923年の関東大震災ののちの円為替相場の低落期に製品を内地向け縞木綿から輸出向け先染綿布へと急激に転換し成長していった産地である。以下でふれる4名の播州機業家のうち丸山萬右衛門はそうした転換に対応できたが，伝統的な内地向け縞木綿の分野で名声を博していた他の3人は時代の流れに取り残されていったものとみられる。[41]

　次に関西五綿は第二次世界大戦後に繊維商社から重化学工業をも包摂した総合商社へと転じていった。各社に関する経営史的研究は必ずしも豊富ではないものの[42]，すべての企業について社史が刊行されており[43]，日本綿花社長の喜多又蔵，東洋棉花専務取締役のち会長の児玉一造の場合，伝記もあり，伊藤忠および丸紅の所有経営者だった二代目伊藤忠兵衛に関しては自伝的書物も世に出されているため[44]，関西五綿の活動の概要は把握できる。ところが，それらに次ぐ規模の船場八社に関しては，社史が出版されているのは八木商店のみであり[45]，経営者の伝記も八木商店創立者の八木與三郎，田附商店創立者の田附政次郎，岩田商事創立者の岩田惣三郎に関する文献しか見当たらず，他には竹中商店番頭の谷口嘉一郎の回想録が残されているにすぎない[46]。敗戦後も繊維商社にとどまった船場八社の競争力は関西五綿に比べて弱く，八木商店を除くすべてが朝鮮戦争ブームの終焉により破綻せざるをえなかったことが沢井実氏によって鮮やかに解明されている[47]が，最盛期であったはずの戦間期における船場八社の活動実態はほとんど明らかではない。

表4　戦前期日本における代表的専業綿織物業者と関西五綿船場八社の正味身代

(1) 代表的専業綿織物業者（産地機業家）

氏名	活動府県	織物産地	職業	1914年ごろ	1917年ごろ	1921年ごろ	1924年ごろ	1928年ごろ	1932年ごろ	1935年ごろ
帯谷　幸助・吉次郎	大阪	泉南	織布	50- 75	300-400	400-500			500- 750	2,000- 3,000
中林　孫次郎	大阪	泉南	綿布毛織	10- 20	200-250*	n.a.	400-500	500-750	n.a.	1,000- 2,000
川崎　徳太郎	大阪	泉南		10- 20	50- 75	50- 75				
岸村　徳平	大阪	泉南	ネル生地、綿布、細布	500-750	1,000-	1,000-	1,000-	n.a.	2,000- 3,000	2,000- 3,000
久保　惣太郎	大阪	泉北	綿布製造	50- 75	50- 75			500-750	400- 500	500- 750
森田　菊三郎	大阪	泉北						75-100*	75- 100	
来住　兼三郎	兵庫	播州		35- 50		150-200*	200-250*	n.a.*		
丸山　萬右衛門	兵庫	播州	機業	35- 50	35- 50	100-150	400-500	500-750	n.a.	400- 500*
高瀬　林吉	兵庫	播州	綿布製織		20- 35			100-150		200- 250
高瀬　定治郎	兵庫	播州	木綿製織		35- 50	75-100	50- 75	50- 75	n.a.	35- 50

(2) 関西五綿船場八社

氏名	活動府県	店舗または住所	職業	1914年ごろ	1917年ごろ	1921年ごろ	1924年ごろ	1928年ごろ	1932年ごろ	1935年ごろ
伊藤　忠兵衛	大阪	大阪市東区安土町2丁目	物品販売代理運送	1,000-	1,000-	1,000-	1,000-	1,000-	2,000- 3,000	5,000-10,000
阿部　市太郎	大阪	大阪市東区南久太郎町2丁目	有価証券、農林	1,000-	1,000-				3,000- 5,000	5,000-10,000
田附　政次郎	大阪	大阪市東区南本町2丁目	綿糸布、棉花、人絹織物、毛糸	1,000-	1,000-	1,000-	1,000-	1,000-	5,000-10,000	5,000-10,000
竹村　清次郎	大阪	大阪市東区南本町1丁目	綿布綿糸	150-200*	1,000-	1,000-	1,000-	1,000-	3,000- 5,000	3,000- 5,000
岩田　惣三郎	大阪	大阪市		1,000-	1,000-	1,000-	1,000-	1,000-	5,000-10,000	
豊島　久七	大阪	大阪市東区南本町2丁目	綿糸布其他	n.a.	1,000-	1,000-	1,000-	1,000-	2,000- 3,000	2,000- 3,000
竹中　源助	大阪	大阪市東区北久太郎町1丁目	綿糸綿布	100-150	1,000-	n.a.	1,000-	1,000-	1,000- 2,000	2,000- 3,000
八木　與三郎	大阪	大阪市東区南久太郎町2丁目	綿糸絹毛敷布	1,000-	1,000-	1,000-	1,000-	1,000-	1,000- 2,000	1,000- 2,000
不破　栄次郎	大阪	大阪市		400-500	1,000-	1,000-	1,000-	n.a.		

（注）帯谷幸助は1924年ごろまで登場。1928年ごろには帯谷の姓はなく、1932年ごろ以後は吉次郎。

　　　「職業」は1935年ごろのもの。空欄はデータなし。

　　　正味身代で例えば50- 75は50千円以上75千円未満。n.a.は原資料で「不詳」とされているもの。* を付した数値は，家族名義の資産を含む。

（出所）日本興信所編『商工資産信用録』各年版。

表5　戦前期日本における代表的専業綿織物業者と関西五綿船場八社の信用程度および関係会社

(1) 代表的専業綿織物業者（産地機業家）

氏名	活動府県	織物産地	1914年ごろ	1917年ごろ	1921年ごろ	1924年ごろ	1928年ごろ	1932年ごろ	1935年ごろ	関係会社
帯谷　幸助・吉次郎	大阪	泉南	普通	厚	A			A	Aa	（株）帯谷商店
中林　孫次郎	大阪	泉南	普通	普通		A	A	A	A	中林綿布（資）
久保　惣太郎	大阪	泉北	普通	普通			A	A	A	
川崎　徳太郎	大阪	泉南	普通	普通	B					
岸村　徳平	大阪	泉南	厚	最厚	Aa	Aa	A	Aa	Aa	（株）岸村商店
森田　菊三郎	大阪	泉北					B	B		
丸山　萬右衛門	兵庫	播州	普通	普通	B	A	A	A	A	
来住　兼三郎	兵庫	播州	普通		B	A	A			
高瀬　定治郎	兵庫	播州		普通	B	B	B	C	C	高定（名）
高瀬　林吉	兵庫	播州		普通		B			A	

(2) 関西五綿船場八社

氏名	活動府県	所在地	1914年ごろ	1917年ごろ	1921年ごろ	1924年ごろ	1928年ごろ	1932年ごろ	1935年ごろ	関係会社
八木　與三郎	大阪	大阪船場	最厚	最厚	Aa	Aa	Aa	Aa	Aa	（株）八木商店
岩田　惣三郎	大阪	大阪船場	最厚	最厚	Aa	Aa	Aa	Aa		
豊島　久七	大阪	大阪船場	最厚	最厚	Aa	Aa	Aa	Aa	Aa	（株）豊島商店
田附　政次郎	大阪	大阪船場	最厚	最厚	Aa	Aa	Aa	Aa	Aa	（株）田附商店
竹中　源助	大阪	大阪船場	普通	最厚	A	Aa	Aa	Aa	Aa	本店和歌山。（株）竹中商店
竹村　清次郎	大阪	大阪船場	普通	最厚	Aa	Aa	Aa	Aa	Aa	（株）竹村商店
不破　栄次郎	大阪	大阪船場	厚	最厚						
阿部　市太郎	大阪	大阪船場	最厚	最厚				Aa	Aa	（株）阿部市商店
伊藤　忠兵衛	大阪	大阪船場	最厚	最厚	Aa	Aa	Aa	Aa	Aa	伊藤忠商事（株）

（注）帯谷幸助は1924年ごろまで登場。1928年ごろには帯谷の姓はなく、1932年ごろ以後は吉次郎。

　　　大阪船場とは、東・西横堀川、長堀川、土佐堀川で囲まれ、徳川期より繊維をはじめとする諸物産の問屋商人が集積していた地域。

　　　空欄はデータなし。関連会社の(株)(資)(名)は順に株式会社,合資会社,合名会社の略号。関係会社は実質的にはすべて同族ないし個人企業。

（出所）日本興信所編『商工資産信用録』各年版。

以上を念頭に置いて，『商工資産信用録』から作成した2つの表を見てみよう。まず，「正味身代」に関する表4によれば，(1)欄の産地機業家の正味身代は，第一次世界大戦が勃発した1914年ごろ，(2)欄に示した関西五綿（ただし伊藤忠兵衛のみ）・船場八社の経営者たちのそれとは大差があり，帯谷吉次郎と彼の養子の吉次郎，あるいは岸村徳平（織物工場を持つようにはなっていたが，ビジネスの中心は問屋業務であったものとみられる）などを除けば，商社との格差はその後戦間期に至るまで続いた。ただし，大戦好況期から1920年代にかけての時期には川崎徳太郎と高瀬定治郎を除き，おおむね正味身代を増やしている。

　もっとも大戦ブーム以前には船場八社のオーナー間にも格差があり，彼らは決して等しく豊かだったわけではなく，また時期によって浮沈が激しかった。竹村清次郎や竹中源助（和歌山が本店）は比較的資産が少なかったが，大戦期には八社すべてが最高位の資産を誇るに至り，その状態が1920年代を通じて維持されたものとみられる。しかし，1930-31年の昭和恐慌によって再び，八社間の明暗が顕在化し，阿部市太郎（又一商店）や田附政次郎が最上位に次ぐ資産規模に達したのに対して，豊島久七，竹中源助，八木與三郎は，(1)欄にある帯谷吉次郎や中林孫次郎という泉南の大規模機業家と同程度にとどまった。なお，伊藤忠兵衛も昭和恐慌で打撃を受けたようで，1935年ごろに至って最上位に次ぐ資産規模にようやく達した。

　要約すれば，以上のような明暗はあったものの船場八社は概して大戦前から豊かな資産を有しており，帯谷幸助・吉次郎と岸村徳平はそれらに匹敵するまでに資産を増やした。残りの産地機業家も，それらの企業ほどの資産には及ばなかったものの，おおむね着実に資産形成を進めていったのである。こうした事実は，同じ諸企業の信用程度を取りまとめた表5からも確認できよう。

　なお，興信所が作成した諸資料のうち所報類は，先行研究ではほとんど使用されていないように思われる。その理由は，それらの残存状態が

商工信用録よりもさらに悪く，所報類まで保存している図書館がほぼ見当たらないためであろうが，それらの資料的価値は決して低くない。[48] 商業興信所に勤務した阿部直躬のこれから紹介する著書は，各年の所報を読みつつ脱稿されたものと思われ，必ずしも知られていない興味深いエピソードを多数収録した好著である。

（補論）阿部直躬（1922）『三十年之回顧』について

　ここに紹介する資料は，クロスカルチャー出版が『明治大正期　商工資産信用録』復刻版の附録として再刊した書物である。同書は日本初の興信所であった商業興信所の創立30周年記念として出版され，当時の日本銀行総裁井上準之助，三十四銀行頭取小山健三が序文をそれぞれ寄稿している。著者の阿部直躬は，1892年における商業興信所創立以来，同所に勤務。1911年に書記長から理事，18年常任理事。1920年には株式会社化に伴い副所長に就任した。井上準之助は「諸言」で，彼を「大阪財界ノ所謂活字引」と評している。

　本書では，1892（明治25）年から1921（大正10）年までにおける各年の経済の動向が，商業興信所の拠点であった大阪市を中心に据えて，バランスよく簡潔に記述されている。綿紡績や鉄道の分野で近代企業が勃興し，日清・日露両戦争を経て工業化が定着したところに第一次世界大戦の好況が到来して繁栄をきわめたものの，大戦終了後，とりわけ1920年3月の恐慌によって状況が激変する，という波乱に満ちた30年間の日本経済の流れを本書は活写している。著者は，経済界概況，金融状況，経営破綻や不祥事（銀行の預金取付などの「銀行事故」，あるいは社金費消など）を中心とした産業・企業情報，当時の国民の消費動向を左右した米収穫高，輸出入，大阪府・大阪市・日本銀行とくに同行大阪支店の人事，商業興信所の特記事項などにつき一年ごとに丹念に記述している。明治期末からは，大阪市から遠くない名古屋市の動向が記録されるようになり，世界大戦を含む大正期になると手形交換高や大阪の

支払停止者のデータが加えられている。著者の阿部直躬は本書を記憶に基づき執筆したと述べてはいるものの，今日では容易に閲覧できない『商業興信所日報』も適宜参照して書いたのであろう。なお，経営破綻・「銀行事故」・社金費消に関わる記事が毎年記載されているが，経営者の気のゆるみや，「一時の出来心」による経済的犯罪は景気動向とは必ずしも関係なく，いつでも発生するのかもしれない。

　以下，筆者がこの資料を通読して興味深く思われた記述を選んで紹介したい。

　(1) 1894 ～ 95 年には企業勃興が紡績・鉄道・銀行などの分野で進んでいたが，95 年にはモスリン製造会社の第一号として毛斯綸紡績が挙げられ，以後モスリン業界への言及がしばしばなされる。従来の研究では重視されていないが，モスリン製造は重要な産業だったことが判明する。また，このころから大阪市では上水道（1895 年）・大阪築港（1897 年）・最初の市電開通（1903 年）など都市化が進んでいたことも記されている。

　(2) 日露戦争（1904-05）の際の軍需の活況に関わる，缶詰製造の活性化，稲畑染工場の軍服染上げ，陸軍糧秣廠の巨額の買上げといった諸事実，あるいは海軍が佐世保の港外に鉄鎖を敷いたため，大阪の倉庫に貯蔵されていた古鎖がすべて買上げとなり，にわかに資産を作った商人が多いという指摘は興味深い。なお 1905 年に商業興信所が，事業の拡張または新設を予定する会社 31，個人 25 を調査した結果を『商業興信所日報』で会員に公開したところ，日本銀行が「目下国家の耐久力に就き政府に於て憂慮研究せられ居る折柄好箇の資料なりとして直に該記事を複写して台閣諸公の一閲に供せられた」（113 頁）という。また，1912 年における三井物産名古屋支店偽造手形事件の発覚にも商業興信所は貢献していた。

　(3) 1906 年には，日本製鋼所・平沼火薬製造所・村井カタン糸製造所・日英水力電気会社など外資との合弁会社が増えていたこと，株の暴騰により台頭した資産家を，京都の堀五郎兵衛が成金と評し，以後この語が

全国に流布したこと，また成金は書画骨董に盛んに投資し，それらの価値が上がったこと，大日本麦酒や富士瓦斯紡績の成立にみられるように企業合併が増加していたことが述べられている。

(4) 1908年に出された「勤倹詔勅」（いわゆる戊辰詔書）が，しばしば米価下落と相まって農村の購買力を引き下げていることが1908-10年の箇所で繰り返し指摘されている。

(5) 1909年には，日本精糖会社の破綻が，藤本ビルブローカー銀行破綻や三十四銀行重役の私財提供問題まで引き起こしたこと，日本製布会社の破綻も社会的影響が大きかったことが記されている。

(6) 1915年に関して，4月ごろから景気がにわかに好転したが，その際にアジア・アフリカ諸国への欧州製品の輸出途絶に代わり日本製品の輸出が始まったという周知の事実のほか，ロシアからの軍需品の，あるいはイギリスからのメリヤス製品の受注が重要な役割を果たしたという指摘は興味深い。本書にしばしば登場する（1909, 1916-17の各年の記述を参照）大阪の活動的な洋反物商・山口嘉蔵が，軍靴および砲弾用信管の対ロシア輸出に従事していたという事実も注目される。

(7) 1917年には，大型船舶の転売が盛んになされ，4月に神戸市の大正汽船は，山下汽船が大阪鉄工所に注文し建設中であった6800t級の汽船一隻をtあたり700円で買約したと記されている。なお，内田信也が東京高等商業学校へ10万円，勝田銀次郎が青山学院へ17万円，山本唯三郎が同志社へ5万円，と船成金たちが母校への寄付を行っていたエピソードも紹介されている。

(8) 1918年11月に第一次世界大戦は休戦を迎えるが，この時に薬品・染料・鉄・船・傭船などの相場が暴落し，資産を減らした者が続出した事実を本書は伝えている。日本の経済史家はこの事実をしばしば看過し，1920年3月恐慌を大戦後の「反動恐慌」と安易に称しているが，真の意味での休戦反動はこの時のことだろう。なお，この1918年の10月よりいわゆるスペイン風邪が大きな社会的影響を及ぼした事実にも本書は

言及している。

(9) 1919年4月にはいわゆる戦後好況が始まったことを本書は正しく指摘している。大戦前に比べて物価が3倍となったが，農家は農村の好況のため，労働者は賃上げの成功のため生活が安定しているのに対し，俸給生活者（サラリーマン）の生活は苦しく，そのため政府の対策中に公設市場・購買組合の奨励が含まれているという指摘が，筆者には興味深く思われた。同年の東京・大阪・福岡での地価暴騰にも本書は触れている。

(10) 詳しい紹介は割愛するが，銀行界の動揺，綿業界の綿糸布総解合（とけあい），商社の経営破綻など1920年恐慌に関する記述は精彩を放っている。破綻の原因が，つまるところ情実人事などで弛緩しきった営業主の自己業務監督の欠如だ，と喝破しているのも説得的である。なお商業興信所は，この経済界の大変動により，『商工資産信用録』の再調査に忙殺されたという。

〔付記〕本稿の執筆にあたり帝国データバンク史料館元館長の高津隆氏，同史料館学芸員の福田美波氏より有益なコメントをいただいた。また，阿部直躬の著書の復刻の際の底本は，籠谷直人京都大学人文科学研究所教授の蔵書とうかがった。以上の方々に厚く御礼申し上げる。

〔参照文献〕

阿部武司（1989）『日本における産地綿織物業の展開』東京大学出版会

阿部武司（2006）『近代大阪経済史』大阪大学出版会

阿部武司（2022）『日本綿業史―徳川期から日中開戦まで』名古屋大学出版会

阿部直躬（1922）『三十年之回顧』（クロスカルチャー出版が『明治大正期　商工資産信用録』第15巻・附録として2009年6月に復刻）

石井寛治（2018）『資本主義日本の地域構造』東京大学出版会

伊藤忠商事株式会社社史編集室編（1969）『伊藤忠商事100年』伊藤忠商事株式会

社

伊藤忠兵衛著・伊藤忠兵衛翁回想録編集事務局編（1974）『伊藤忠兵衛翁回想録』
　伊藤忠商事株式会社

上川芳美（1994）「明治31年における京都府の企業家集団」『京都学園大学経営学
　部論集』第3巻第3号

大岡破挫魔編（1933）『喜多又藏君伝』日本綿花株式会社

小川功（2002）『企業破綻と金融破綻―負の連鎖とリスク増幅のメカニズム』九州
　大学出版会

荻野仲三郎等編（1934）『児玉一造伝』私家版

菊地浩之（2014）『47都道府県別日本の地方財閥』平凡社

江商社史編纂委員会編（1967）『江商六十年史』江商株式会社

沢井実（2019）『現代大阪経済史―大都市産業集積の軌跡』有斐閣

渋沢青淵記念財団竜門社編『渋沢栄一伝記資料』渋沢栄一伝記資料刊行会，第6
　巻（1956）・第7巻（1956）・第51巻（1963）

渋谷隆一編（1984）『明治期日本全国資産家・地主資料集成』全5巻，柏書房

渋谷隆一編（1985）『大正昭和日本全国資産家・地主資料集成』全7巻，柏書房

渋谷隆一編（1988-99）『都道府県別資産家地主総覧』全65巻，日本図書センター

渋谷隆一・加藤隆・岡田和喜編（1989）『地方財閥の展開と銀行』日本評論社

商業興信所編（1894-1943）『商工資産信用録』各期，商業興信所

商業興信所編（1893-1944）『日本全国諸会社役員録』各期，商業興信所（1893-1912
　年刊行の諸巻は由井常彦・浅野俊光編全16巻として1988-89年に柏書房より復刻）

白木一平編（1933）『岩田惣三郎翁』私家版

鈴木喜八・関伊太郎編（1898）『日本全国商工人名録・第2版』日本全国商工人名
　録発行所（渋谷編，1984 Ⅰ-Ⅲ，および渋谷編，1988-99に府県別に分割して収録）

鈴木恒夫・小早川洋一・和田一夫（2009）『企業家ネットワークの形成と展開―デー
　タベースからみた近代日本の地域経済』名古屋大学出版会

武内義雄編（1928）『軽雲外山翁伝』商業興信所

（株）田附商店編（1935）『田附政次郎伝』株式会社田附商店

谷口嘉一郎（1960）『回顧録糸ひとすじ』私家版

辻節雄（1997）『関西系総合商社─総合商社化過程の研究』晃洋書房

帝国興信所編（1912-1943）『帝国銀行会社要録』各期，帝国興信所

帝国興信所編（1908-1943）『帝国信用録』各期，帝国興信所

帝国データバンク史料館編（2017）『Road to Muse（改訂版）』

（株）帝国データバンク創業百周年記念プロジェクト百年史編纂室編（2000）『情報の世紀─帝国データバンク創業百年史』株式会社帝国データバンク

東亜興信所編（1965）『東亜興信所六十五年史』東亜興信所

東京興信所編（1899-1942）『商工信用録』各期，東京興信所

東京興信所編（1897-1941）『銀行会社要録・附役員録』各期，東京興信所（1920-22年刊行の3巻は9分冊とし後藤靖氏の解題を加えて1989年柏書房より復刻）

東京興信所編（1901）『東京興信所案内』東京興信所

トーメン社史制作委員会編（1991）『翔け世界に─トーメン70年のあゆみ』トーメン株式会社

東洋棉花株式会社東棉四十年史編纂委員会編（1960）『東棉四十年史』東洋棉花株式会社

中西聡（2019）『資産家資本主義の生成─近代日本の資本市場と金融』慶應義塾大学出版会

日綿実業株式会社編（1943）『日本綿花五十年史』日綿実業株式会社

日綿実業株式会社社史編纂委員会編（1962）『日綿七十年史』日綿実業株式会社

古島敏雄（1963）『資本制生産の発展と地主制』御茶の水書房

町田忠治伝記研究会編（1996）『町田忠治』財団法人櫻田会

松本和明（2012）「渋沢栄一と外山脩造」渋沢研究会編『渋沢研究』第24号，43-56頁

松本貴典（2004）「近代日本の商人分布─『日本全国商工人名録』による検討」松本貴典編『生産と流通の近代像─100年前の日本』第11章，日本評論社

丸紅株式会社社史編纂室編（1977）『丸紅前史』丸紅株式会社

宮本又郎・阿部武司（1995）「明治の資産家と会社制度」宮本又郎・阿部武司編『日

　本経営史 2 工業化と経営革新』第 6 章，岩波書店

森川英正（1985）『地方財閥』日本経済新聞社

八木幸吉編（1951）『八木與三郎伝』私家版

（株）八木商店編（1972）『創業 80 年史』株式会社八木商店

谷沢弘毅（2004）『近代日本の所得分布と家族経済』日本図書センター

山口和雄（1963）『明治前期経済の分析』東京大学出版会

山口和雄編（1966）『日本産業金融史研究　製糸金融篇』東京大学出版会

山口和雄編（1970）『日本産業金融史研究　紡績金融篇』東京大学出版会

山口和雄編（1973）『日本産業金融史研究　織物金融篇』東京大学出版会

山崎克己・吉沢雅次・室田惣三郎・成瀬麟編（1907-1908）『日本全国商工人名録・
　第 3 版』上・下巻，商工社

山崎広明（2015）『豊田家紡織事業の経営史』文眞堂

山崎広明・阿部武司（2012）『織物からアパレルへ－備後織物業と佐々木商店』大
　阪大学出版会

山崎広明（1969）「両大戦間期における遠州綿織物業の構造と運動」法政大学経営
　学会編『経営志林』第 6 巻第 1・2 合併号，95-152 頁

山崎広明（1970）「知多綿織物業の発展構造─両大戦間期を中心として」『経営志林』
　第 7 巻第 2 号，33-79 頁

〔後注〕

1　本章の記述は，（株）帝国データバンク創業百周年記念プロジェクト百年史編纂室編（2000）とくに序章，第1-2章，および東亜興信所編（1965）1-3頁による。なおペリーについては帝国データバンク史料館編（2017）15-16頁を参照。

2　1900年に東京銀行集会所から分離独立。

3　武内編（1928）32頁。

4　外山は1883年に大阪倉庫会社，および倉庫に対する金融を行う大阪融通会社の設立にも関わった。

5　外山は，第三十二国立銀行の後身・浪速銀行の初代頭取（1898-1900）を務め，また日本火災保険会社設立（1892年）を推進したほか，大阪舎密工業，阪堺鉄道，宇治川電気，奈良鉄道，総武鉄道，北海道鉄道，博多湾鉄道，大東セメント，川崎造船所，大阪毎日新聞，大阪植林など多数の会社企業の設立・経営に関わり，衆議院議員，大阪市参事会員も歴任した。以上の外山の事績については武内編（1928）を参照。外山に関しては松本（2012）をはじめとする松本和明氏の業績も参照されたい。

6　武内編（1928）81-82頁。

7　以上の記述は，同上，武内編，とくに79-93頁によるところが大きい。東亜興信所編（1965）3-9頁も参照。

8　以下，資料の引用にあたっては，適宜，句読点を補うこととする。（　）内は引用者のコメントである。

9　商業興信所編（1909）『商工資産信用録』。

10　阿部（1922）60頁，84頁。

11　東亜興信所編（1965）7-16頁および（株）帝国データバンク創業百周年記念プロジェクト百年史編纂室編（2000）13-25頁を参照。

12　以上，渋沢青淵記念財団竜門社編（1956）第6巻，384-85頁。

13　引用は，渋沢青淵記念財団竜門社編（1956）第7巻，521頁。

14　渋沢青淵記念財団竜門社編（1956）第6巻，646-47頁。原資料は『銀行通信録』第41巻第248号，1906年6月。

15　渋沢青淵記念財団竜門社編（1963）第51巻，204頁。原資料は佐藤正美「青淵先生と興信事業」（1928）『竜門雑誌』第481号。

16　森下は紀伊国出身の士族で，慶應義塾に学び，その塾長や三菱商業学校校長を務めた。1881年大蔵書記官を拝命後，まもなく明治14年の政変によって野に下り，時事新報記者，帝国生命会社の顧問・監査役を歴任。東亜興信所編（1965）20-21頁を参照。

17　以上，同上，東亜興信所編（1965）17-21頁，渋沢青淵記念財団竜門社編（1956）第7巻，520-36頁を参照。

18　渋沢青淵記念財団竜門社編（1956）第7巻，526-27頁。

19　東亜興信所編（1965）21頁。

20　同上書，22-30頁。株式会社東亜興信所は，1978年にホテル業に進出し，1992年にビジネスホテルを保有・運営する株式会社サン・トーアと社名変更。2006年にサムティ株式会社の子会社となった同社は，2020年にサムティホテルマネジメント株式会社と改称。以上，帝国データバンク史料館およびサムティホテルマネジメント社のホームページ（いずれも2023年6月9日閲覧）による。

21　商業興信所，東京興信所の場合と同じく，こうした会費や調査料金はその後，たびたび変更された。

22　東京興信所編（1901）17-18頁。

23　ただし『帝国経済雑誌』は1904年廃刊。

24　帝国興信所は1908年に払込資本金を全額株主に返却して後藤の個人経営に戻ったのち，22年にふたたび株式会社（資本金50万円全額払込。本店は東京市京橋区八丁堀1丁目）に改組した。ただし，再度の株式会社も実態は後藤の個人経営であった。

25　1906年設置の大阪支所が1913年に大阪本部となった。

26　（株）帝国データバンク創業百周年記念プロジェクト百年史編纂室編（2000）77頁。

27　本項の記述は，（株）帝国データバンク創業百周年記念プロジェクト百年史編纂室編（2000）による。

28　本節の記述は，東亜興信所編（1965）および（株）帝国データバンク創業百周年記念プロジェクト百年史編纂室編（2000）による。

29　『帝国興信日報』の戦中戦後の変遷は高津隆氏のご教示による。この資料は現在も，『帝国タイムス』として刊行されている。

30　東京興信所編（1926）『銀行会社要録・附役員録』第30版「凡例」1頁。

31　石井（2019）第7章「昭和恐慌における階層別打撃」は，これら3点の資料を駆使して，昭和恐慌前後における日本の上層資産家の盛衰を分析し，恐慌が一時的には彼らに打撃を与えたものの，上層資産家の回復力も強靭であったことを鮮やかに論証した。資料③を用いて各都道府県における高額所得者を抽出した業績として菊地（2014）も挙げておこう。

32　「記号ノ上ニ収ノ字ヲ記シアルハ一ケ年ノ収入全額ナリ。但シ商工業者ノ欄内ニ商内高ト併記シアルハ営業利益以外ニ所有資産ヨリ生ズル収入ニシテ其人ノ一ケ年ノ全収入ニアラズ」と「索引」には注記されている。

33　山口（1963），古島（1963）など。

34　山口編（1966, 1970, 1974）。

35　山崎（1969, 1970）。

36　本稿の参照文献には明治期に関する第2版および第3版が挙げられている。

37　『工場通覧』は，明治後期から大正期の1904-1921年に刊行された全8巻が後藤靖氏の解題を付して1986年に，『日本全国諸会社役員録』は，明治期の1893-1912年に刊行された全16巻が由井常彦・浅野俊光両氏の編集により1988-89年に，『銀行会社要録』は，1920-22年に毎年刊行された全3点が計9巻に分けられ，後藤靖氏の解題を付して1989年に，いずれも柏書房から復刊された。

38　他にも適切な業績は多々あるに違いないので，この表は一種のたたき台と理解してほしい。

39　この点につき詳しくは阿部（2022）を参照。

40　関西五綿には以上2社のほか東洋棉花（旧・三井物産棉花部），日本綿花，江商が含まれるが，いずれも完全な株式会社であったため，ここでの考察の対象からははずれる。

41　阿部（1989）。

42　辻（1997）などが挙げられるに過ぎない。

43　東洋棉花：東洋棉花株式会社東棉四十年史編纂委員会編（1960），トーメン社史制作委員会編（1991）；日本綿花：日綿実業株式会社編（1943），日綿実業株式会社社史編纂委員会編（1962）；江商：江商社史編纂委員会編（1967）；伊藤忠商事：伊藤忠商事株式会社社史編集室編（1969）；丸紅：丸紅株式会社社史編纂室編（1977）など。

44　喜多：大岡編（1933）；児玉：荻野等編（1934）；伊藤：伊藤著・伊藤忠兵衛翁回想録編集事務局編（1974）。

45　（株）八木商店編（1972）。

46　八木：八木編（1951）；田附：田附商店編（1935）；岩田：白木編（1933）；竹中：谷口（1960）。

47　沢井（2019）第 8 章「船場八社の再編と関西五綿の総合商社化―1950 年代」。

48　一例をあげれば，阿部（2022）261 頁の貝塚紡織社に関する記述は，筆者が偶然入手した『帝国興信所内報』によっている。

阿部　武司（あべ　たけし）

1952年、東京都に生まれる。
東京大学大学院第二種博士課程単位取得退学。経済学博士（東京大学）。東京大学社会科学研究所助手、筑波大学社会科学系講師、大阪大学経済学部助教授・同教授、同大学院経済学研究科教授を経て、2014年大阪大学名誉教授。同年4月より2023年3月まで国士舘大学政経学部教授。専門は近代日本経済史・経営史。

主な業績

『日本における産地綿織物業の展開』（東京大学出版会、1989年）、『近代大阪経済史』（大阪大学出版会、2006年）、『大原孫三郎』（編著、PHP研究所、2017年）、『アーカイブズと私―大阪大学での経験』（クロスカルチャー出版、2020年）、『日本綿業史』（名古屋大学出版会、2022年）、*Nobility and Business in History: Investments,innovation, management and networks*(Edited by Silvia A.Conca Messina and Takeshi Abe, Routledge: London, 2023)

戦前期商工信用録解題 —詳細とその活用法—

2023年7月31日　第1刷発行

著　者　　阿部武司
発行者　　川角功成
発行所　　有限会社　クロスカルチャー出版
　　　　　〒101-0064　東京都千代田区神田猿楽町 2-7-6
　　　　　電話 03-5577-6707　　FAX 03-5577-6708
　　　　　http://crosscul.com
印刷・製本　石川特殊特急製本株式会社

ISBN 978-4-910672-25-0 C3033 Printed in Japan